北京大学城乡规划与治理研究丛书

北京大学公共治理研究所学术团队建设
重点支持项目"现代城市治理研究"成果

城市数字治理
理论与实践

——"一网共治"南京模式

沈体雁　杨明瀚　耿德红　著

DIGITAL URBAN GOVERNANCE

社会科学文献出版社
SOCIAL SCIENCES ACADEMIC PRESS (CHINA)

课题组成员

课题总顾问

俞可平　北京大学中国政治学研究中心主任、讲席教授、城市治理研究院院长

课题组组长

沈体雁　北京大学政府管理学院教授、城市治理研究院执行院长
　　　　北京大学公共治理研究所研究员

课题组成员

耿德红　北京大学城市治理研究院副院长、秘书长

杨明瀚　北京大学政府管理学院博士后研究员

王慧娟　北京大学政府管理学院博士后研究员

张庭瑞　北京大学首都发展研究院研究助理

陈海兰　四川师范大学商学院讲师

苏　鹏　北京大学信息管理系博士研究生

王　伟　北京科技大学经济管理学院博士研究生

姚心宜　北京大学政府管理学院硕士研究生

左万水　北京大学政府管理学院硕士研究生

王　茜　北京大学政府管理学院本科生

韩　旭　北京大学城市治理研究院项目主管

总　序

　　城乡规划是我国新型城镇化战略实施过程中加强发展引领、强化城乡善治的重要手段和实现途径。习近平总书记指出，"考察一个城市首先看规划，规划科学是最大的效益，规划失误是最大的浪费，规划折腾是最大的忌讳"。建立包括新型城市规划在内的现代城市治理体系，探索具有中国特色的城乡规划与治理新模式、新途径和新方法，是当前我国新型城镇化建设的重要任务。

　　为满足我国新型城镇化发展对城乡规划和治理领域的技术支撑需求，过去十二年来，我们尝试以统一的逻辑框架和技术平台将多种空间层次规划和多要素规划有机融合，提出和建立"系统规划"的工作路径和方法体系，并以此为指导，先后在江苏、广东、山东、辽宁、河南、河北、黑龙江、吉林、广西等地区完成了上百个新城新区、产业园区、经济技术开发区、特色小镇、美丽乡村等不同类型的规划设计项目，为快速发展中的中国城市化进程和面临着快速发展之"痛"的地区政府提供规划治理解决方案，为辽宁（营口）沿海产业基地、河北曹妃甸工业区、天津滨海新区、山东日照临港经济区等国家战略区域的规划发展发出"北大"声音。我们坚持"从实践中来、到实践中去"的基本理念，基于多年的规划实践，结集出版了"北京大学城乡规划与治理研究"丛书。

　　本丛书定位于推动城市规划模式的转型创新、城市规划与城市治理的协同创新以及村庄发展与善治的经验总结，为美丽中国建设、全面实现小康社会的宏伟目标投智献策，为读者深入理解转型期中国城乡规划与治理提供第一手资料和生动的实践场景。丛书包括《中国产业新城系统规划理论与实践》《中国特色小镇规划理论与实践》《中国村庄规划理论与实践》《产业新城投融资理论与实践》《对外投资园区发展研究》《迈向系统规划之路——系统规划理论与实践论文集》等著作，这些成果是过去这些年北大师生和我们规划设计研究团队对城乡规划治理理论与实践工作的思考与总结。

城乡善治是实现中华民族伟大复兴"中国梦"的重要组成部分和必由之路！实现城乡善治需要规划转型和治理创新，需要不断总结城乡规划治理实践经验，需要探索建立有中国特色的城乡规划治理理论与方法。以这套丛书与城乡规划治理界的同人共勉，希望共同推动中国城乡走向善治！

沈体雁

北京大学政府管理学院教授、博士生导师

北京大学城市治理研究院执行院长

2017 年 1 月于美国夏威夷

前　言

　　城市治理现代化是国家治理体系和治理能力现代化的重要内容与核心任务。作为当前全球科技发展和治理变革最重要的引擎之一，数字化转型正在驱动生产、生活与治理方式发生深刻变革，尤其是城市治理的数字化转型为我国城市治理理论与实践创新带来新的机遇。以建设人工智能、5G、云计算、物联网、区块链、大数据等"新基建"和人人有责、人人尽责、人人享有的"社会治理共同体"为标志，我国城市化进入一个更加智慧、更加包容、更加以人为本的"新城市治理时代"。面向新时代，如何深刻认识城市治理数字化转型的科学内涵与实践要求，准确把握数字化浪潮下的新技术革命与治理变革机遇，探索具有中国特色的城市治理模式，推动我国城市治理现代化进程，是当前我国城市治理理论与实践研究的重要任务。在此背景下，受南京市大数据管理局委托，北京大学城市治理研究院联合北京大学政府管理学院以城市治理理论创新为基础，以南京市城市治理创新实践为主要样本，对我国城市治理数字化转型问题展开研究，提出了"城市数字治理"这一具有中国特色与数字化时代背景的创新型城市治理理论与模式，形成了《数字转型、一网共治——城市数字治理理论和南京实践》研究报告等研究成果。本书就是上述研究成果的系统总结和集中展现。

　　城市数字治理的核心是通过数字技术创新应用、治理要素高效配置和城市治理理念变革构建"平台+生态+信用"的城市治理格局，即以平台化的治理模式、生态化的多元合作和信用化的规则共识突破传统城市治理的困境，实现对敏捷治理、多样治理和协同治理需求的统一。具体而言，城市数字治理强调在数字化转型基础上构建扁平化、柔性化、动态化的整体性平台政府和社会共治大平台，通过多主体的协同、模块化设计、社会化服务、专业化外包、精细化评价等形成行政主体、市场主体、社会主体三位一体，责任清晰、伙伴关系、竞合共生的城市治理共同体，在信任和共识中共同参与到广泛的城市治理过程中，形成新城市治理格局。因此，城市数字治理是对数字化、多元化、共识化的城市治理趋势的有效回应，是南京及我国各地城市工作者抓住现代信息技术带来的重大机遇，推进城市治理体系与治理能力现代化的有益探索。这对探索符合中国国情和现代化城市治理需要的城市治理创新模式具有重要参考价值，对新时代中国城市治理理论与实践研究具有重要意义。

本书在文献综述和调查研究的基础上，总结了全球城市治理理论的成果和实践经验，分析了我国新时代城市治理的数字化转型需求，提出了城市数字治理的理论框架，分析了其战略意义，给出了一般性实施路径和重点发展方向。在此基础上，本书系统梳理了南京市数字治理的发展历程、经验成效和不足之处，结合国内外先进经验和南京自身发展需要，提出了"一网共治"的南京城市数字治理发展战略等针对性建议。全书共分为九章，第一章绪论，阐述了我国城市治理的发展趋势及数字化转型的必要性，提出全书的研究目标和技术方法。第二章从传统城市治理理论的发展与演变分析入手，提出了传统理论难以突破的"三元困境"。第三章提出城市数字治理的理论框架，包括三维结构和"平台+生态+信用"等主要内容。第四章从有利于突破传统治理"三元困境"、有利于推进"以人为本"和有利于实现可持续城市治理等角度分析了城市数字治理的战略意义。第五章提出了城市数字治理的"五通"路径模型和重点发展方向，给出了相关评价模型以供参考。第六章和第七章分别从国际和国内视角对城市数字治理的发展阶段、现状和经验成果进行介绍，总结了我国城市数字治理面临的问题。第八章梳理了南京城市数字治理发展历程、举措成效和不足之处。第九章面向南京成熟数字治理问题，结合前文研究成果，提出了城市数字治理的南京方案。

本书主要由沈体雁、杨明瀚、耿德红三位作者撰写完成。其中，沈体雁为课题总负责人，负责全书研究设计、内容框架、人员组织、团队调研、研讨交流、全书校对以及与出版社衔接等工作；杨明瀚负责课题具体组织执行和本书主体部分撰写；耿德红负责调研期间部门协调、资料对接、座谈会议的组织等工作并参与研讨交流。此外，课题组成员张庭瑞负责全书的修改与校对工作，并对必要性分析部分进行了完善；姚心宜负责城市治理结构分析模型和城市信用体系部分的完善；陈海兰负责对国际数字治理经验及数字治理对城市治理可持续性的积极作用进行总结分析；苏鹏负责对南京市数字治理发展历程及举措成效进行总结梳理；王伟负责文献资料收集及整理工作；韩旭老师负责组织协调工作；王慧娟、左万水、王茜等参与了本书的调查研究工作。

在课题研究和书稿撰写过程中，得到了南京市大数据管理局唐建荣局长、陶为波副局长、章川处长等领导和同事的指导与帮助，在此表示衷心感谢！感谢课题评审专家中央党校（国家行政学院）教授、电子政务专家委员会副主任、国家信息化专家委员会委员汪玉凯教授，北京市城市管理综合行政执法局科技信息中心主任、教授级高级工程师宋刚教授，南京市国土资源信息中心主任、教授级高级工程师王芙蓉教授，中国人民大学信息资源管理学院教授安小米教授，北京师范大学政府管理学院教授、行政管理系主任汪波教授对本书提出的宝贵意见！感谢浪潮集团、北京旋极伏羲科技有限公司、中通服咨询设计研究院有限公司、华中科技大学水电与数字化工程学院、北京北达城市规划设计研究院等单位对本书的支持！本书得到了俞可平院长领衔的北京大学城市治理研究院工作团队，以及北京大学政府管理学院、公共治理研究所和首都发展研究院各位老师和同事的鼓励与帮助，得到了南京市大数据管理局特别研究项目和北京大学公共治理研究所学术团队建设项目的资金支持，在此也一并表示感谢！本书的出版离不开社会科学文献出版社的领导和编辑团队的大力支持，特别是离不开责任编辑王玉山老师专业高效的工作，在此也向他们表示衷心感谢！

由于时间与能力有限，本书难免存在不足之处，恳请各位读者批评指正！

沈体雁

北京大学城市治理研究院

2022 年 8 月 10 日

CONTENTS

第一章

绪　论

——新时代呼唤新治理

习近平总书记指出："城市治理是国家治理体系和治理能力现代化的重要内容，一流城市要有一流治理，要注重在科学化、精细化、智能化上下功夫。"近些年，中国经历了前所未有的快速城镇化进程，城市人口规模急剧扩张，这一方面推动了经济的发展，另一方面也为城市治理带来了一系列严峻挑战，城市治理已经成为当前城市发展的关键。

城市数字治理是在社会经济不断发展、城市治理理念不断革新的背景下，伴随着数字化浪潮出现的一种城市治理新理论、新模式、新方法，是数字时代城市治理现代化的重要内容和必然趋势。城市数字治理以平台化的治理模式、生态化的多元合作和信用化的规则共识，改进治理效率，优化要素配置，扩大多元合作范围，进而提高整个治理体系的效能，是对新时代中国城市治理现代化要求的回应。如何进一步总结我国城市治理问题、准确构建城市数字治理概念模型、深度挖掘其理论内涵并提炼相关经验和模式，推动我国城市治理创新和高质量发展，已成为一项重要任务。

在城市数字治理方面，南京经过一系列积极探索取得了一定成就，尤其是以"不见面审批"为代表的"互联网+政务服务"改革成效最为突出，在持续优化推进中已成为南京城市数字治理的靓丽名片。为进一步贯彻落实习近平总书记关于城市治理的重要论述和数字中国建设战略决策，根据江苏省建设数字中国江苏样板的整体部署和南京市建设数字经济名城有关要求，南京市人民政府于 2020 年 6 月发布《加快推进城市数字治理工作方案》（宁政发〔2020〕66 号），要求"加大城市数字治理相关理论及解决方案的研究，开展数字生产力和生产关系研讨"，推进南京数字治理中心建设，"发挥数字化在推动城市治理体系和治理能力现代化的重要作用……全面提升城市科学化、精细化、智能化治理水平，为城市高质量发展、市民高品质生活提供更加智慧化的支撑"。

在上述背景下，北京大学政府管理学院、北京大学城市治理研究院与南京市大数据管理局合作，围绕城市数字治理理论研究和南京的实践问题开展课题研究，力求在对城市数字治理理论、方法和经验等进行研究的基础上，结合南京数字化治理的经验成果、发展现状和未来需要，提出以南京为样本的城市数字治理模式，力求构建"平台+生态+信用"的现代化城市治理体系，为南京乃至全国的城市治理体系和治理能力现代化提供新理论方法和实践经验。

1.1 "数字化+多元化+共识化"的城市治理发展趋势

随着我国城市治理内涵不断丰富、要求不断提高，单纯地利用信息技术提高既有业务效率的模式已不能满足需要。在整体性、平台化的城市治理模式不断发展的基础上，推进更全面、更深入、更高效的数字化转型，探索多元参与、生态联动的治理结构，完善社会信用等规则共识体系及其能动机制，已成为城市治理的新发展趋势。

1.1.1 城市治理内涵不断丰富

"治理"（Governance）是对单向度的"管理"理论的延续和超越，城市治理是治理理论在城市范畴的运用。狭义的城市管理最初指城管执法等政府有关部门行使末端行政权力的活动，也指与城市规划、建设、服务对应的，对城市公共设施和空间秩序的管理活动。城市治理是广义的城市管理。参照俞可平教授对治理的解释，城市治理可表述为城市的政府组织和（或）民间组织在一个既定范围内运用公共权威管理社会政治事务，维护社会公共秩序，满足公众需要。相较于狭义城市管理，城市治理在治理主体、治理结构、治理工具和治理范围等方面都赋予了新的内核，特别是强调多主体共治和城市服务的积极作用。我们认为，城市治理的总目标是在多元参与中实现城市公共产品供给的最大化，以此提高城市公民的满足感、获得感、安全感，使其更大程度地享受治理的福利。近年来，我国城市治理水平不断提高，其内涵得到了极大丰富。

1. 城市治理理念不断完善

自全球治理委员会在 1995 年发表题为《我们的全球伙伴关系》的研究报告以来，我国学者在城市治理方面取得了丰富的研究成果，对其概念、内涵和特征有了愈发清晰的认识。从中央精神和政策导向来看，从引入社会力量参与城市治理，到建立共建共治共享的社会治理制度；从"抓住城市管理和服务这个重点""城市管理要像绣花一样精细"，到"主动适应新型城镇化发展要求和人民群众生产生活需要"，都与学界对城市治理的认识有明显的同质性。一是从一元治理到多元治理，实现政府、社会、市场共同治理；二是从人治到法治，使公共权力日益受到法律制约；三是从管制到服务，增加公共服务的比重；四是从权力边界到公共边界，即治理范围从政府权力所及领域拓展到公共领域；五是从封闭到开放，实现信息公开透明和决策过程开放；六是以让人民实际享受治理福利为最终目标。

2. 城市治理边界不断拓展

自新中国成立以来我国经历了从城市建设、城市管理到城市综合管理和城市治理的发展。从最早笼统的城市规划、建设，到正式文件中首次出现有明确范围的城市管理概念，再到《关于深入推进城市执法体制改革 改进城市管理工作的指导意见》（中发〔2015〕3 号）将城市管理的主要职责确定为市政管理、环境管理、交通管理、应急管理和城市规划实施管理等，城市管理范围不断明确和扩展，城市治理初具雏形。从城市服务来看，不论是面向人民生活的基本公共服务体系均等化目标的提出，还是面向社会和市场主体的政府服务、私人服务和社会服务的迅速发展，都是城市服务体系不断完善的体现。这显示着城市治理的范围边界正向更广泛的公共领域边界不断贴近。

3. 城市治理模式不断创新

2004 年北京市东城区创立了网格化城市管理模式，再造了城市管理流程，整合了职能部门，规范了评价体系，在我国进行了广泛应用并取得良好的成效。2008 年，国务院决定将城市（综合）管理职责和管理体制的决定权交由城市政府后，各地自主进行了大量模式探索。如北京市平谷区在实践过程中逐步总结出"街乡吹哨，部门报到""一门主责，其他配合""部门布置，乡镇落实"的"三协同"综合执法模式。南京出台了国内首部关于城市治理的地方性综合立法——《南京市城市治理条例》，以城市治理委员会为协调机构，对城市规划、建设、管理进行综合协调。基层治理方面，成都市成华区青龙街道致强路社区建立了全国第一个院落协商自治服务互动系统，把政务服务柜台、公共服务窗口搬到了市民指尖上，让市民办事少跑腿、信息多跑路。长沙市雨花区在全国首创以居民服务需求为导向的社区分类治理模式，注重把社区治理和服务工作按社区类型区别对待。公共服务方面，多地探索城市公共服务的部分或整体性外包模式以降低治理成本、提高服务质量，如无锡市高新区党建事务和公共文化服务外包、南京市秦淮区社区公共服务外包、珠海市横琴新区"物业城市"等。

4. 城市治理工具不断发展

一方面，随着数字时代的到来，5G、物联网、大数据、人工智能、云计算、区块链等新一代信息技术快速发展为创新城市治理提供了更多可能。另一方面，2016 年政府购买服务改革使地方政府得以更方便地引入市场技术力量，为以数字技术为基础的智慧政务、智慧社区、智慧交通、智慧能源、智慧医疗等城市治理相关应用发展提供了重大机遇。如起步于 2016 年的杭州城市大脑，以交通领域为突破口，开启了利用大数据改善城市交通的探索，如今已迈出了从治堵向治城跨越的步伐，取得了许多阶段性的成果，目前杭州城市大脑的应用场景不断丰富，已形成包括警务、交通、文旅、健康等 11 大系统和 48 个场景同步推进的良好局面。

5. 城市治理要求不断提高

随着城市规模的日渐扩展和城市结构的日益复杂，我国城市治理难度不断加大（见图 1-1）。面对越来越多的新情况和新问题，"头痛医头，脚痛医脚""按下葫芦浮起瓢""治标不治本"的传统城市治理模式和面向单个区域和单个业务条线的孤立信息化体系已无法满足现代化城市治理的需要。部门条块分割、管理各自为政、系统烟囱林立，资源共享困难、难以有效监管等问题极大地制约了城市治理的现代化进程，对城市治理提出了新的要求。

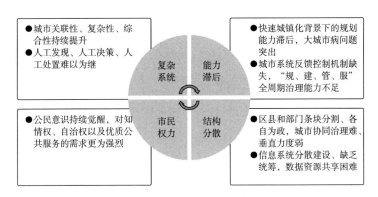

图 1-1　当前城市治理难点

其一，对数字化能力提出新要求。要实现类似从"人工发现"到"智能发现"的转变，需要加快发展和应用物联网技术、信息识别标识技术、大数据组织技术和数据挖掘技术等。然而，我国政务平台的建设以政府数据共享交换为主要功能，横纵数据共享不够充分，加上城市大数据组织体系缺失等前置因素，导致有效信息沉淀、智能分析场景不足，尚不足以支撑城市治理的智慧化升级。

其二，对政府组织变革优化提出新要求。英国"平台型政府"、美国"整体互动型政府"、新加坡"一站式在线政府"等国际经验集中体现在基于组织变革的业务内容、方式和渠道优化方面。国内方面，以网格化管理为基础的城市管理模式也不断创新。然而，"一站多能，一人多职，一格多元"现象日益突出，管理层级过多，网格员、居民、职能部门关系没有完全捋顺，加上责权欠对等、业务能力待提升，导致城市治理能效提升空间较大。

1.1.2　数字治理应用不断深化

数字治理产生于 20 世纪 90 年代末，其产生主要源于信息技术的蓬勃发展、经济全球化的加速以及网络社会的崛起。数字治理从诞生开始，人们就把它与民主、治理和善治等紧密联系在一起。"数字治理是指在政府与市民社会、政府和以企业为代表的经济社会的互动和政府内部的运行中运用信息技术，简化政府行政，简化公共事务的处理程序，并提高民主化程度的治理理论"。[①] 在新时代数字化浪潮的影响下，数字化转型成为全国和地方政府探索治理创新和治理现代化的重要战略，也涌现了基于数字化治理的理论范式与运行模式，如基于"政府即平台"（Government as a Platform）概念，通过治理理念更新、数字技术接入、服务供给集成、治理架构重组、治理流程再造等全面创新，构建整体性、一体化与平台化的治理新模式的"平台化治理"。随着国内外学者与实践者的不断拓展，数字治理在各国治理理论与实践中的应用不断深化（见图 1-2）。

从研究视角来看，可检索文献中最早记录出现在 2004 年（见图 1-3）。徐晓林、周立新探讨了数字治理与善治的关系，从治理角度理解和研究数字治理，是国内学者关于数字治理研究从技术视角向治理视角转变的关键点。近年来，数字治理研究热度持续升高。从区域看，

---

① 徐晓林、刘勇：《数字治理对城市政府善治的影响研究》，《公共管理学报》2006 年第 1 期，第 13~20+107~108 页。

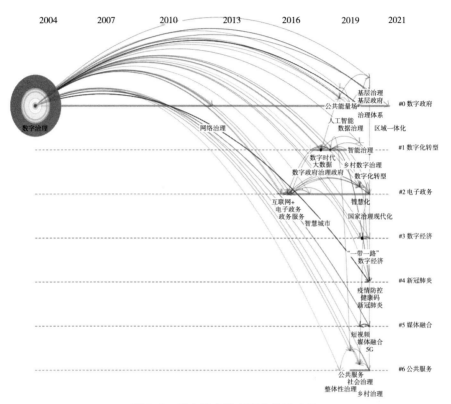

图1-2　国内数字治理研究演进路径

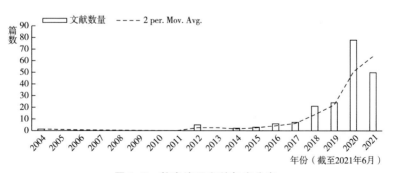

图1-3　数字治理文献年度分布

长三角地区以及北京市、广东省和湖北省等是我国数字治理研究的中坚力量，这与我国目前数字治理实践的发展水平基本吻合。尤其是北京市和上海市，其依托雄厚的财政实力和良好的信息基础设施，加上两地政府的政策引领，数字治理实践快速发展，城市数字治理水平居于全国领先地位。由此也可以看出我国数字治理研究具有实践导向性的特点，实践发展需求催生理论研究，理论研究指导实践发展。

从治理视角来看，新公共管理理论在西方国家政府实践中逐渐暴露出来的消极后果阻碍了政府治理能力的提高。学术界不断对新公共管理理论进行批判和反思。其中，总体治理理论、网络治理理论和数字治理理论是这一时期的主要理论。数字治理理论继承了整体治理理论的整合与协调观点，奠定了网络治理理论的早期基础。传统的社会治理模式是政府主导的官僚体制，各方参与有限。随着以互联网为基础，整合物联网、大数据和云计算等技术的信息时代的到来，这种自上而下的"金字塔"组织结构正逐步走向扁平化、共享化和透明化，也更符合数字治理理论的价值要求。

从实践来看，虽然我国多次进行部委制改革，政府管理体制大大简化，组织管理绩效进一步提升，但由于环境复杂多变和利益纠葛的影响，职责重叠、政出多门的现象仍然困扰着管理者。这种现象在城市治理领域也是如此。碎片化给城市各部门的利益整合和资源流通带来困难，阻碍了城市的发展。因此，对新型社会治理模式的呼声越来越高，这为数字治理理论及应用研究提供了现实必要性。

1.1.3 多元治理必要性不断加强

改革开放以来，中国经济取得了重大成就。经济体制的转型带来了经济快速增长的奇迹；产业结构调整改变了农业、制造业、服务业的比重和劳动力结构；社会形态的转变导致城市人口超过农村人口；同时，在特定条件下制定的改革措施已成为僵化的制度约束，难以调整和改革利益结构，碎片化的公共政策难以维持改革。当前，体制转型、资源污染与资源约束的矛盾以及既得利益结构的调整问题突出，基于法治的多元共治已成为中国深化改革的必然要求。

改革开放和市场经济的不断发展，打破了我国原有的国家控制一切政治、经济和社会事务的格局，在国家体制之外形成了相对独立的市场体系。在此期间，一个新的、日益独立和不断发展的社会组织体系出现了。虽然国家、市场和社会三大独立体系尚未形成，但随着外部制度环境的逐步改善，市场尤其是社会组织体系的独立性和功能性日益增强。政府自身的改革为市场和社会发展创造了空间，也创造了良好的外部环境。市场已成为资源配置的决定性因素，这意味着政府应简政放权，减少对微观经济事务的干预，并采取更合理的方式消除市场经济运行带来的各种负面影响和"外部效应"。在结构优化、社会创新、内部管理等方面，社会组织呈现出积极繁荣的景象，各种社会组织之间的网络体系和结构框架已初具规模，参与社会治理的需求和动机与日俱增。因此，随着政府、市场和社会三重体系的完善，由政府或市场主导的单一治理模式已不能满足经济社会发展的需要，共同治理已经成为必然要求。

1.1.4　城市信用治理需求不断凸显

在城市治理领域开展社会信用体系建设的探索实践一方面是国家社会信用体系建设的大势所趋，有助于保障国家社会信用体系建设的完整性和全面性；另一方面也是与已建立或正在建立信用体系的其他领域互相支撑和借鉴。目前金融、环保领域的社会信用体系建设已经取得突出效果，城市治理领域也迫切需要建立信用体系来提高治理的有效性和现代化水平。城市信用体系建设有助于实现信息在不同部门之间的传输、共享和运用，加强部门间的交流、沟通和合作，信用治理将促使城市治理由后果惩治导向转变为前因消解导向，弥补治理形式和主体单一的短板，通过建立基于信用的共识推动城市治理结构优化和流程再造，使城市治理更加精细化和长效化。因此，通过城市信用体系建设，加强信息互联互通、开展联合奖惩，增加城市治理主体的合作共识和违约成本，将促使各主体更加珍视自身信用，约束自身行为，以自律和他律促成良好的意识和生产生活习惯，进而形成良性循环，降低全社会的治理成本。

1.2 城市治理现代化的必由之路

2020年3月31日，习近平总书记在调研杭州"城市大脑"时指出，"从数字化到智能化再到智慧化，让城市更聪明一些，更智慧一些，是推动城市治理体系和治理能力现代化的必由之路，前景广阔"。"必由之路"既指明了道路，也提出了挑战，即城市要积极筑牢治理基础，准备迎接必然到来的全面数字化时代。

1.2.1 从发展规律看

我国城镇常住人口已超过总人口的60%，在快速城镇化进程中，"城市病"尤其是"大城市病"问题日益突出。资源聚集、财政充足、城市治理最为成熟的特大、超大城市对新一代城市治理理论方法的需求也最为迫切。

新一代数字技术的快速进步，尤其是城市数字治理理论和方法的完善，为城市治理现代化提供了新机遇。充分利用现代信息技术，探索实践城市数字治理的新理论、新方法、新工具和新模式，已是全球城市化进程中解决城市问题、实现城市目标的重要途径和普遍趋势。

从数字化程度上看，我国城市治理已完成信息和业务的数字化，正处在向智慧化、生态化和数据驱动转变的数字化转型关键阶段。这实际上对应着从数字城市、智能城市到智慧城市的转型过程，极大地丰富了城市数字治理的内涵和外延。伴随着新型智慧城市"感-联-知-用-融"的基础理论、关键技术和产业水平进一步发展，城市治理的业务重构、模式创新和能力提升有了更多可能。这也意味着面向我国城市治理的数字产品需要摒弃固有的业务驱动逻辑，既要实现标准统一、流程完整、领域全面、渠道多样和决策智能，又要避免重复投入和效果不一等问题。在此背景下，抓住数字科技发展带来的重大机遇，更新和创建适应城市现代化治理需求的，以人为本、科学统筹、数据驱动、开放互联的城市数字治理体系，将在推进城市和国家治理体系和治理能力现代化以及实现"两个百年目标"的奋斗过程中发挥重要作用。

1.2.2 从国家战略看

党的十九大报告明确指出,要加快建设创新型国家,建设数字中国、智慧社会,打造共建共治共享的社会治理格局,提高社会治理智能化、专业化水平。2017 年,习近平总书记在中央政治局就实施国家大数据战略进行第二次集体学习中强调,我们应该审时度势、精心谋划、超前布局、力争主动,推动实施国家大数据战略,加快完善数字基础设施,加快建设数字中国。2018 年 10 月国务院公布的机构改革方案的亮点之一便是数据治理机构的组建,这一举措补上了我国数字治理体系中尤为重要的一环。2020 年 3 月,习近平总书记赴杭州城市大脑运营指挥中心考察时指出"让城市更聪明一些、更智慧一些,是推动城市治理体系和治理能力现代化的必由之路,前景广阔。"同年10 月在深圳视察时强调"要树立全周期管理意识,加快推动城市治理体系和治理能力现代化,努力走出一条符合超大型城市特点和规律的治理新路子。要注重在科学化、精细化、智能化上下功夫,推动城市管理手段、管理模式、管理理念创新,让城市运转更聪明、更智慧"。《国民经济和社会发展第十四个五年规划和二〇三五年远景目标纲要》明确提出,要加快建设数字经济、数字社会、数字政府,以数字化转型整体驱动生产方式、生活方式和治理方式变革,完善城市信息模型平台和运行管理服务平台,构建城市数据资源体系,推进城市数据大脑建设,探索建设数字孪生城市。

因此,以提高城市数字治理现代化水平为抓手,加快建设数字中国、提升城市品质、促进区域协调发展,是当前国家治理体系和治理能力现代化战略的重要组成部分。

1.2.3 从省域布局看

作为城市数字治理大省,江苏省在 2007 年就对数字化城市管理工作作出了专门部署。《江苏省政府办公厅转发省建设厅关于推进数字化城市管理工作意见的通知》（苏政办发〔2007〕57号）明确提出，"推进数字化城市管理，对于提高城市管理效率和服务水平，具有重要的意义和作用"，并提出"力争到'十一五'期末，全省各城市基本实现数字化城市管理，形成分工明确、责任到位、沟通快捷、反应快速、处置及时、运转高效的城市管理模式。"过去十几年中，江苏省就全省城市数字治理作出了大量、全面、细致的安排部署。2020年10月，《省政府办公厅关于深入推进数字经济发展的意见》再次明确提出，"数字经济是引领未来的新经济形态，发展数字经济是构建新发展格局的战略抉择，是推动高质量发展的必由之路。"该意见还要求加快推动全要素数字化转型，围绕建设数字经济强省，着力实施数字设施升级、数字创新引领、数字产业融合、数字社会共享、数字监管治理、数字开放合作六大工程，全力打造具有世界影响力的数字技术创新高地、国际竞争力的数字产业发展高地、未来引领力的数字社会建设高地和全球吸引力的数字开放合作高地，为推动"强富美高"新江苏建设和高质量发展走在前列提供有力支撑。

江苏省"十四五"规划纲要更是对数字江苏建设作出重大部署，要求紧紧抓住以新一代信息技术为核心的科技和产业创新机遇，充分发挥数据资源丰富、物联网发展先行和应用场景多元优势，加快构建数据驱动发展新模式，高水平推进网络强省建设，培育经济发展新动能，优化社会服务供给，提高政府治理效能，打造数字中国建设江苏样板，进一步提出，到"十四五"末，全省数字经济核心产业增加值占地区生产总值的比重要超过10%。

1.2.4 从自身发展看

"十三五"以来，南京市围绕经济社会发展"强富美高"总目标，紧抓改革顶层设计的具体落实，突出应用场景设计，创新引领、驱动发展、重点突破，统筹推进智慧城市建设，城市数字化、网络化、智能化水平显著提升，智慧南京已经发展成为新的城市品牌和城市名片。

经过一系列工作探索、制度创新和积极实践，南京在城市治理数字化建设方面成效显著，"一门户、两平台、一中心"（"我的南京"城市智能门户，"城市之眼"智能感知平台、城市运行智能化监测调度综合平台，城市数字治理中心）的数字化城市治理架构正在有序推进，为南京城市数字治理模式的形成奠定了坚实基础。

但与此同时，南京城市治理在数字化思想理念、统筹规划和共享整合、基础设施和共性能力、保障条件等方面也暴露出一些问题。究其原因，至少存在两方面的相对短板。一是数字治理相关理论方法研究不足，发展方向和路径不清。二是缺乏高效统筹推进城市治理数字化转型的体制机制。

面向南京"十四五"时期的"四高"发展要求，深入分析南京城市数字治理理论方法，谋划发展南京数字治理体制机制和能力水平，有效打破传统治理环境下的敏捷性、协同性和多样性三元困境，提升、拓展和延伸城市治理能力，补充、固化和优化城市治理体系，以数字技术创新促高质量发展、以数字能力外溢促高能级辐射、以数字服务质量促高品质生活、以数字化转型升级促高效能治理，已成为南京市提升城市治理现代化水平的迫切需求。

1.3 研究目标与技术方法

本书面向我国城市治理现代化需求，采取实地调研、案例研究、文献分析、专家研讨等方法，研究城市数字治理理论框架，并以南京市为样本分析提出我国城市数字治理的实现路径以及南京城市数字治理的"一网共治"模式。具体目标有以下两点：

第一，总结全球城市数字治理的基本理论、主要方法和典型经验，梳理发展阶段，研究基本规律，提出适于我国国情的一般性城市数字治理框架，为南京乃至全国的城市数字治理提供依据。

第二，总结南京城市治理的主要举措和成效，分析现状问题和发展需求，基于理论研究成果提出南京城市数字治理的总体规划、体系架构、实现路径和主要任务等。

　　本书研究内容分为上下两篇，上篇从城市数字治理理论框架研究入手，分析城市治理发展趋势和数字化转型必要性，研究传统理论存在的困境问题，提出城市数字治理理论框架并论证其战略意义，给出一般性城市数字治理实施路径以供参考；下篇面向南京市需求，总结分析国内外经验成果与面临的问题，梳理南京数字化治理发展历程、举措成效和主要问题，结合前文研究成果提出城市数字治理的南京方案。本书技术路线如图 1-4 所示。

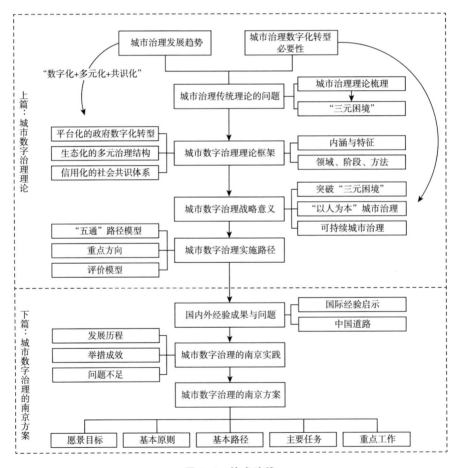

图 1-4　技术路线

第二章

传统城市治理理论的困境

——难以突破的"三元困境"

传统城市治理理论模式大致可以归为三类：以科层制为代表的权威式治理模式、以新公共管理为代表的竞争式治理模式，以及以网络治理为代表的合作式治理模式。三类理论模式虽都曾获得广泛应用并取得效果，但都无法在敏捷性治理、协同性治理和多样性治理之间取得平衡，已不能满足城市治理现代化需要。

2.1 传统城市治理理论

20世纪70年代中期开始，为节约政府开支、增进公共物品提供效率，新公共管理理论逐渐在城市中流行。20世纪90年代，伴随城市治理结构的碎片化、多元化和复杂化，以及电子信息技术的进步，无缝隙治理、整体性治理、网络化治理和元治理等治理理论逐渐被人们接纳。随着各种治理模式对信息化技术的应用，数字治理理论逐渐形成。整体来看，城市治理理论的发展变化顺应了不同的时代要求，推动了当时的城市工作（见表2-1）。

表 2-1　城市治理相关理论对比

	历史时期	形成背景	治理理念	主要机制	主要目标	政府角色
科层制	19世纪末至20世纪80年代	—	满足政府需求	自上而下的权威管制、确定规则	内部效率	划桨者
新公共管理	20世纪70年代末至20世纪末	对传统官僚现象的反思	满足顾客需要	市场竞争、部门竞争	效益、效率、效能	掌舵者
无缝隙治理	20世纪90年代以来	对新公共管理职能分散化的反思	满足服务需求	政府流程再造、结果导向、信息化技术	无缝隙服务需求的有效回应	服务者
整体性治理	20世纪90年代以来	对新公共管理碎片化的反思和对无缝隙治理的深化	满足公民需求	协调、整合、信任、责任、信息化技术	整体性运作、解决公民需求	整体型服务者
网络化治理	20世纪90年代以来	对新公共管理追逐部门利益和无序化的反思	满足群体需求	互动、协调、信任、信息化技术	利益相关方利益平等、最大化	参与者
元治理	20世纪90年代末以来	对网络治理低效率和不能真正保证民主决策的反思	对治理网络的治理	监控、引导、协调、动员各类主体在网络中的治理行为、信息化技术	治理网络的有效性	主导者

2.1.1　科层制

所谓科层制就是指在传统公共行政时期，以法理权威为基础，依政府利益至上原则，据职能、职位对权力予以合理划分与分层负责，以权威、等级、规则、分工等为治理工具，以约束和激励为治理机制，追求效率最大化的政府治理模式和管理方式，是一种政府内部功能化、技术化和专业化的治理形态。科层制实行金字塔式等级治理结构，在横向上，为避免相互推诿与越权，将组织权力依职能逐级分层，明确责权；在纵向上，以管理和效率为依据设立职位，政府权力则据职位层层授权。同时，科层制作为一种生产力迅猛发展、分工日益细化和组织规模扩大的产物，呈现出诸多映照时代背景与社会境况的明显特质，如功能分化严重、组织结构严密、权力责任过度明确，权力分层、职位分等、上令下行，专业化、规则化、技术化，等级森严、纪律严明、非人性化管理，追求工具理性、合理性、稳定性，效率为本、权力至上、权力基础为所有成员共同认可与严格遵守等。

2.1.2　新公共管理和城市公共服务外包

新公共管理理论以现代经济学和私营企业管理理论与方法作为理论基础，主张在政府等公共部门广泛采用私营部门成功的管理方法和竞争机制，强调公共服务的产出、政府对社会公众的响应力和政治敏感性，倡导公共管理部门在人员录用、任期、工资及其他人事行政环节上实行更加灵活、更富有成效的管理。新公共管理理论以公众利益至上为价值导向，认为政府应通过推进改革管理主体的多元化和公共管理手段的企业化，促使政府不再担当公共产品和服务的唯一提供者，而应担当公共事务的促进者和管理者，从而提高公共管理的有效性和促进社会可持续发展（见图 2-1）。

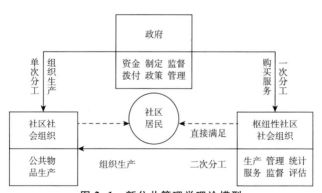

图 2-1　新公共管理学理论模型

新公共管理理论的核心观点：一是政府职能由"划桨"转为"掌舵"，主张政府在公共行政中应该只是制定政策而不是执行政策，政府应该把管理和具体操作分开。新公共管理理论认为要通过重新塑造市场，向私人部门施加各种可行和有利的影响，让其以"划桨"的方式来进行操作。二是在公共管理中引入竞争机制，让更多的私营部门参与公共服务的提供，以竞争求生存，以竞争求质量，以竞争求效率，提高服务供给的质量和效率，实现成本的节约。三是创建有事业心和有预见的政府。新公共管理理论认为社会更需要预防，在做出重要决定时，尽一切可能考虑到未来。

随着新公共管理理论在城市治理中逐渐流行，公共服务外包成为20世纪70年代以来世界各国政府改革的一个大趋势。公共服务外包是政府（公共部门）与私人部门之间签订购买协议，由政府出资，将涉及公共服务的具体事项承包给私人部门的行为①。公共服务外包的委托主体是政府，受托者是营利、非营利组织或其他政府部门等各类社会服务机构，表现为·种通过政府财政支付全部或部门费用的契约化购买行为②。政府以履行服务社会公众的责任与职能为目的，并承担财政资金筹措、业务监督及绩效考评的责任。

在城市治理中，社会公众是向政府纳税而享受政府服务的"顾客"，政府以纳税人的需求为导向，提供回应性服务，采取有效措施实现公众的需求和利益；借鉴私营部门的某些管理办法，如采用短期劳动合同、开发合作方案、签订绩效合同以及推行服务承诺制等，能使公共部门低效性问题得到有效解决。同时还应强调广泛引进竞争机制，让许多不同的行业和部门有机会加入提供服务的行列中，取消公共服务供给的垄断性，以此提高服务供给的质量和效率。公共服务外包可以看作一个简单的双层委托代理，公众把公共服务委托给政府提供，而政府把部分公共服务委托给私人部门来生产。这时候，公众就是政府的委托方，私人部门则是政府的代理方，而政府则既是公众的代理方，也是私人部门的委托方。在政府与私人部门这一代理层级中，私人部门很有可能会利用信息不对称这一优势来使自身利益最大化，从而导致公共服务外包的效果欠佳甚至失效。因此，政府必须承担该

---

① 乐园：《公共服务购买：政府与民间组织的契约合作模式——以上海打浦桥社区文化服务中心为例》，《中国非营利评论》2008年第2（1）期，第18页。

② 郑卫东：《城市社区建设中的政府购买公共服务研究——以上海市为例》，《云南财经大学学报》2011年第1期，第8页。

风险，并及时调整与私人部门之间的关系，规范好私人部门的职责范围，做好监督工作，提升公共服务品质，对公众负责。

2.1.3 无缝隙治理和整体性治理

无缝隙治理是针对传统部门分工造成的碎片化和流程分割问题而提出的，它旨在围绕公民需求对政府服务进行流程再造，以满足顾客的无缝隙需要为中心设计组织的形式和原则，目的是创建面向顾客、服务公众的创新型组织。在满足顾客的无缝隙需要中，提升政府的绩效和服务质量，将政府部门流程再造的结果表现为以顾客导向、竞争导向、结果导向为特征的无缝隙政府。无缝隙治理的基本途径就是进行再造，工作人员从全局出发进行整合，直接与最终用户接触，进而完成整个工作任务。

流程再造的关键在于部门整合和资源协调，因此发展出整体政府的治理理念，代表人物为佩里·希克斯①。整体性治理针对的是碎片化治理带来的一系列问题，整体主义的对立面是碎片化而不是专业化②。整体性治理将整体利益视为最高价值，强调政府组织的整体利益及其整体的内部联系，把能否维持和保护政府组织功能的完整、稳定和持续存在及发挥作用作为衡量政府治理方式有效性程度的根本尺度和最终标准。整体性治理的主要思想是重新整合，包括逆部门化和碎片化、大部门式治理、重新政府化、恢复或重新加强中央过程、极力压缩行政成本、重塑服务提供链、集中采购和专业化、以"混合经济模式"为基础共享服务以及网络简化。信任和责任感是整体性治理过程中最关键的因素，组织间信任的基础是委托和代理关系，而责任感一般表现为诚实、效率和有效性③。

① 韩兆柱、翟文康：《西方公共治理前沿理论的比较研究》，《教学与研究》2018 年第 2 期，第 11 页。
② Perri 6. Towards Holistic Government：The New Reform Agenda［M］. New York：Palgrave，2002：237.
③ 曾凡军：《基于整体性治理的政府组织协调机制研究》，武汉大学出版社，2013。

同时，整体性治理基于信息技术论，将信息技术作为治理手段，对不同的信息网络技术进行整合，简化基础性网络程序，实行"在线治理"模式以及政府行政业务与流程透明化、整合化的一站式即时服务，提高政府作为整体性服务供给者的整体运作效率和效能。可以说，整体性治理是无缝隙治理的具体实践。

2.1.4 网络化治理和元治理

针对 20 世纪 80 年代以来新公共管理的分权化、市场化、民营化导致市场失灵和政府失败的社会现实，斯蒂芬·戈德史密斯和威廉.D. 埃格斯联合提出了网络化治理理论①。网络化治理是指一种全新的通过公私部门合作，非营利组织、营利组织等多主体广泛参与提供公共服务的治理模式，即为了实现与增进公共利益，政府部门和非政府部门（私营部门、第三部门或公民个人）等众多公共行动主体彼此合作，在相互依存的环境中分享公共权力，共同管理公共事务的过程。在这种新的模式下，政府不太依赖传统意义上的公共雇员，而是更多地依赖各种伙伴关系、协议和同盟所组成的网络来从事并完成公共事业。

网络化治理在城市领域的实施过程，就是地方政府根据特定的公共事务，选择相关的利益群体或是拥有特定资源优势的企业和社会组织共同参与，形成对该公共事务的治理网络，各合作主体基于信任或者契约等关系建立合作机制，明确各方权责。在治理网络运行中，地方政府作为参与者之一负责构建治理网络和维护网络有效运行，在此基础上各参与主体为了共同目标分别发挥不同作用，没有一个行动者有权支配其他参与者的行动②。网络化治理通过对多元化合作网络的管理而创造新的价值，寻求以良好的信息共享和沟通协商机制在相互竞争的私人组织间建立信任和合作。同时，数字时代的到来使得信息

---

① 斯蒂芬·戈德史密斯、威廉.D. 埃格斯：《网络化治理：公共部门的新形态》，北京大学出版社，2008。
② 鄞益勤：《网络治理：公共管理的新框架》，《公共管理学报》2007 年第 1 期，第 89~96、126 页。

技术成为网络治理的重要工具，数据库和信息系统的应用有助于打破公私部门之间以及私人部门之间纵向和横向的信息壁垒，促进了治理主体之间信息和知识共享。

然而，网络化治理在效率和实质民主方面存在弊端。一方面，接入治理网络的各类主体往往难以有效率地就某项议题达成一致。另一方面，由于缺乏有效制约机制，可能会默认某些主体凭借资源或信息优势在治理网络的政策制定和实施中形成垄断。因此，元治理，即对治理的治理产生了。元治理是一种自上而下的治理，它以政府为主导，对多元主体密切联系形成的治理网络进行治理。这意味着政府能够采取各种措施来应对网络治理中出现的各种效率和民主问题，包括基本制度供给、共同监制塑造、为主体互动提供条件、解决争议、保持治理生态平衡等。

2.1.5 交易成本经济学视角下传统城市治理分析

城市政府与其他城市治理参与主体达成关于供给城市公共产品和服务的协议可以被视为一个交易行为。城市政府在对公共产品和服务的供给结构进行决策时，关心的是这一交易行为的成本和效果。这里的效果代表了广义上的公共产品与服务质量，效果提升意味着总剩余的增加。当没有其他主体参与城市治理供给时，令公共服务供给的成本为 c，效果为 q，政府的成本效果弹性是 s，那么城市政府的净收益为：

$$R = V(q,s) - c$$

此时有 $V_q(q, s) > 0$，$V_{qs}(q, s) > 0$，前一个不等式表示了城市政府净收益随着公共服务供给效果提升而增加，后者则表示对公共服务供给效果具有更高成本弹性的城市政府愿意为了提升服务质量而花费更多的成本。为保证存在一个最优的治理结构决策，假定公共服务供给效果规模报酬递减，即 $V_{qq}(q, s) < 0$。

简便起见，假定劳动力是唯一的投入变量，公共服务供给效果可以表达为：

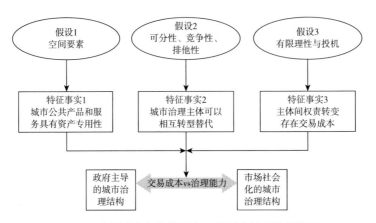

图 2-2　交易成本经济学视角下的城市治理结构模型

$$q(e,t) = (\rho + e)t$$

其中 t 表示完成公共服务供给所花费的时间，ρ 是基准生产率，e 是非政府主体提供服务的生产率附加值。非政府主体的时间约束为 T，可以在公共服务供给和竞争市场供给中进行分配。竞争市场中的工作不需要生产率附加值 e，单位时间的基准工资为 r。如果参与公共服务供给获得的工资为 w，那么非政府主体的效用可以表示为：

$$U = w + (T - t)r - c(e)t$$

城市政府面临两种服务供给决策，即把握供给时间的自主供给与把握供给效果的引入其他供给主体。事实上其决策集合可以表达为 $(\hat{w}, \hat{q}, \hat{t})$，其中 $\hat{q}$ 和 $\hat{t}$ 分别代表公共服务供给效果和时间的最低标准，$\hat{w}$ 则代表了公共服务供给达标后地方政府将支付的工资。确定时间达标的成本可以忽略不计，但确定质量达标存在成本 $d(\hat{q}, m)$，其中 m 衡量了明确公共服务供给效果和质量标准的难度，可以得到 $d_m > 0$，$d_{\hat{q}} > 0$，$d(0, m)$。

面对政府的决策集合 $(\hat{w}, \hat{q}, \hat{t})$，非政府城市治理参与主体求解以下最优化问题：

$$\max_{e,t} \hat{w}+(T-t)r-c(e)t$$

$$\text{s. t. } t \geq \hat{t}$$

$$(\rho+e)t \geq \hat{q}$$

非政府城市治理参与主体的最优解为 $e^*(\hat{q}, \hat{t})$ 和 $t^*(\hat{q}, \hat{t})$，在此基础上政府求解以下最优化问题：

$$\max_{(\tilde{\omega}, \hat{q}, t)} V[(\rho+e)t, s]-w-d(\hat{q}, m)$$

$$\text{s. t. }(e, t)=[e^*(\hat{q}, \hat{t}), t^*(\hat{q}, \hat{t})]$$

$$\hat{w}+(T-t)r-c(e)t \geq rT$$

命题 1：城市政府的最优决策为 $(\hat{w}, \hat{q}, 0)$ 或 $(\hat{w}, 0, \hat{t})$，即其总会在质量标准和时间限制中做出选择。

因为制定服务标准需要成本，城市政府主体如果同时制定质量标准和时间限制，那么非政府主体所面临的两个约束都是限制性的，非政府主体总有用时间替代质量的倾向，城市政府作为应对将缩短时间限制减少非政府主体的供给所得。基于最优化行动的政府最终会只对质量或时间做出限制，使得承担城市公共服务的非政府主体没有用时间消耗替代服务质量的可能。

命题 2：在不考虑交易成本的情况下，给定城市公共产品或服务的供给效果 q，地方政府采取自主供给模式的花费总是高于引入其他主体参与治理的花费。

这一论断源于政府自主供给的模式下生产投入受到了限制，生产率附加值的缺失意味着需要投入更多的劳动力成本，因此政府的整体支出较引入其他主体参与治理的结构而言会更高。这一命题证明了在不存在交易成本的情况下，城市治理结构的多元化有利于降低成本、提高效率。

命题 3：当交易成本 m 增加时，城市政府可能更倾向于做出 $(\hat{w}, 0, \hat{t})$ 的决策，即不依靠其他主体自主供给公共产品与服务。

这一命题的理解是非常直观的。在不存在交易成本的情况下，政府引入其他主体参与城市治理可以减少费用、提高效率，但当引入其他主体需要制定服务供给标准的成本存在并且不断增加时，城市政府可能会改变策略，采取自主供给公共产品服务的模式。

结论：通过将交易成本经济学视角引入城市治理结构分析框架的核心论点在于，一个城市采取何种城市治理结构，也就是政府、市场、社会在城市公共产品和服务供给中发挥何种作用，取决于城市治理参与主体间转换公共产品与服务的交易成本与各自治理能力的动态平衡。

进一步的，可以得到以下推论。

推论1：治理结构的现代化对城市治理的影响一方面体现在改变城市治理主体间的交易成本上，另一方面体现在多元主体的赋能和提升上，从而对城市治理结构的影响呈现多种路径与情景。

推论2：当交易成本很高时，城市治理结构将倾向于政府主导和科层制结构。反之，当降低交易成本时，市场和社会主体在城市治理过程中将发挥越来越重要的作用，城市治理结构倾向于扁平化。

推论3：在相同的交易成本下，政府、市场和社会在城市治理过程中发挥何种作用，取决于各种治理主体的资源、能力与治理效率的大小。

依据上述分析可以得出，传统城市治理理论难以构建现代化的治理模式，也难以较低的交易成本得到最优的治理资源配置。

2.2　传统城市治理理论的"三元困境"

传统城市治理模式在敏捷性、协同性和多样性三个维度上存在典型差异。以此构建三元差异分析框架，可以发现在传统治理模式中存在着不能同时满足上述三要素的城市治理"三元困境"。

扩展资料：俞可平"治理体系现代化"五要素与数字治理

俞可平："我们讲推进国家治理体系现代化，至少要有这么几个要素。

第一，公共权力的运行必须制度化和规范化，不能带有随意性。它要求政府治理、市场治理、社会治理有完善的制度安排和规范的公共秩序。

第二，法治。一是指宪法和法律是最高权力，二是严格按照法律办事。

第三，民主。所有公共治理及制度安排，最重要保障主权在民。

第四，高效。现代化的治理应有较高的行政和经济效率。

第五，协调。从中央到地方各个层级，从政府治理到社会治理，从政府部门到人民群众，都应是统一的整体，相互协调。"

从俞可平提出的上述五要素来看，一方面，制度化、规范化、法制化是数字治理的前提条件，各类信息系统既能使工作效率提升，又是对制度安排和公共政策的固化。另一方面，民主、高效、协调，也分别大致对应城市治理的多样性、敏捷性、协同性目标。可以说，传统城市治理难以协调的"三元困境"，正是数字治理在推进城市治理现代化过程中的重点。

2.2.1　三元差异分析框架

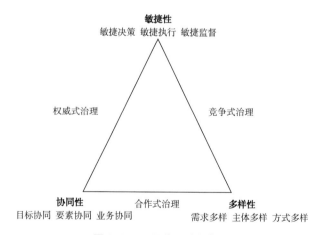

图 2-3　三元差异分析框架

1. 敏捷性

城市治理的敏捷性表现在多个方面，包括快速、准确、果断的敏捷决策、整体高效的敏捷执行、基于实时信息的敏捷监测监督。

（1）敏捷决策。传统的政策过程需要经过"调查—决策—反馈—再调查—再调整"的漫长路径，决策速度因单向、迟钝的信息传递、转换、汇集等步骤被拖慢。在快速变化的社会中，政府决策往往滞后于经济和社会环境的变化，难以及时满足人民的需要[①]。因此，在科学制定治理目标、快速识别治理需求、综合评估资源能力、动态优化决策机制的基础上实现整体高效的多主体决策，是保障后续执行和监督反馈效率、提高城市治理敏捷性的先决条件。

（2）敏捷执行。任何决策都需要执行来产生实际效果。敏捷执行强调对诉求和决策的快速响应，其基本要求是治理指令的快速传递和具体操作的准确高效。这一方面要求优化业务流程、提高业务能力，另一方面需要提高组织和资源效率，寻求现有资源的最优配置，充分挖掘治理要素价值。敏捷执行是敏捷性城市治理的核心内容。

（3）敏捷监督。对城市治理进行过程监督和效果反馈，能帮助行政体系规范运行，推动治理系统循环优化。通过合理设计和运用监督机制及工具，实现实时、高频、高颗粒度、高覆盖率的敏捷监督，将有助于缩短城市治理系统的优化时间，提高系统整体的可观测性和可控制性，这是通过监督反馈提高敏捷治理水平的必要环节。

2. 协同性

城市治理的协同性指各类主体能够就治理目标进行良好协调，以公共利益为优先，做出一致性决策并以更高的资源配置效率协同执行。

（1）目标协同。目标协同主要指在主观层面的协调和合作。为了在信息充分流通的基础上形成科学、合理的行动方案，并通过治理行动调节好利益关系，形成良性循环的相互信任、互惠网络和合作关系，就必然需要通过协商、讨论等形式，强化观点沟通和信息共享、协调利益相关方关系，并将这种协调的成果体现在行动方案的拟定、落实

---

① 北京大学课题组、黄璜：《平台驱动的数字政府：能力、转型与现代化》，《电子政务》2020年第7期，第2~30页。

和合作关系的构建等方面。因此，在决策制定和执行层面，通过合理设计协商机制、共识机制、责任机制和信任机制，提高治理决策的代表性、一致性、有效性，避免"九龙治水"式的碎片化治理和"动物拉车"式的决策分裂。在监督和反馈层面，建立有效的反馈和制衡机制，提高对治理参与者的合理约束和激励能力，实现基于治理共识的闭环结构。

（2）要素协同。在客观层面将各项分散、异质、多元的治理要素进行整合，使其在统一的治理框架下实现协同，优化治理资源配置。包括信息要素，即对不同来源、不同层次、不同结构、不同内容的信息资源进行选择和融合，形成以社会需求为导向、具有高关联度的信息链，实现数据共享、互联互通，确保决策准确、业务同步；技术要素，即整合关键技术和系统平台，确保跨部门、跨层级、跨领域的技术协同；人力和智力要素，即在执政党领导下吸纳多元主体参与治理，让专业的人做专业的事，公务人员可以腾出手来做好监督和服务，对政府功能进行补充和协助等。

（3）业务协同。明确政府各部门的核心业务、业务流程和协同对应关系，明晰部门权利事项，确定每一个流程和环节，明确相关协同部门配合事项及流程，并确定跨部门的协同关系。开展业务流程再造，构建业务中台，对冗余业务进行精简统筹，对共性服务进行统一供给，将不同部门间功能进行提升、优化、精简，实现对核心业务的梳理和流程再造。将层级结构进行整合，形成高效率的扁平化组织结构，对耦合业务进行动态关联，建立联动指挥调度和信息通报机制，确保部门间信息通畅、衔接流畅，配合顺畅，实现跨层级、跨区域、跨部门协同。

3. 多样性

（1）需求多样。需求多样化是城市治理需要面对的基本事实。随着社会经济不断发展，现代城市治理边界不断拓展，公民社会意识觉醒导致社会需求不断增加，对这些异质、多层次治理需求的识别和响应能力成为城市治理能力发展的主要约束之一。广泛且主动地纳入多样化民意诉求、提供多样化公共服务、处置多样化城市事件，是城市治理不确定性增加的必然结果，也是提高人民幸福感、获得感、满足感，实现城市治理现代化的必然要求。

（2）主体多样。主体多样化是城市治理以人为本的基本要求。扩大治理参与范围，包含着对民意的回应性。以座谈会、舆情收集等为主的传统参与机制缺乏多元主体间的互动反思，其经验证据停留在低层次信息，没有总结为系统性知识。因此，此类决策结果只局限于以政府部门为主体的工具性思考，而非基于个体与环境关系的逻辑回应。为强化政策对民意的回应，政府在决策过程中需引入多方参与的包容性机制，广泛纳入多样性的民意诉求，保证政策供给能够持续地适应社会与科技进步。

（3）方式多样。方式多样化是城市治理科学性的基本保障。为达到治理目标，政府应不拘泥于制度锁定和路径依赖，博采众长，分类治之。如对日常基层事务采取以合作治理为主的治理模式，将矛盾化解在基层，让各利益相关方在既定规则下实现自治。对政府内部行政行为采取整体治理模式，要求改变以层级为基础的流程导向，改为以问题为导向的整体回应，提供更优质的服务。对城市中发生的重大事件或紧急事件，采取政府主导的权威治理模式，稳守城市运行和发展底线。对结果可控、不触及行政核心的公共事务，通过服务外包等方式引入私营部门，实施以绩效为目标的竞争化治理。为实现上述方式多样的治理，需要各部门围绕不同治理需求，灵活应变，渐进迭代，动态治理。

2.2.2 "三元困境"

在传统城市治理模式中，存在不能同时满足上述敏捷性、协同性、多样性要求的"三元困境"（见图2-4）。

（1）要保证城市治理的协同性和多样性，则无法做到治理决策的敏捷性。在进行基于协调统筹的治理决策过程中，随着治理主体的增加和需求的多样化，达成一致性决策的难度将大幅增加，从而降低了治理活动的敏捷性。其典型代表为基于合作的网络化治理模式，它在

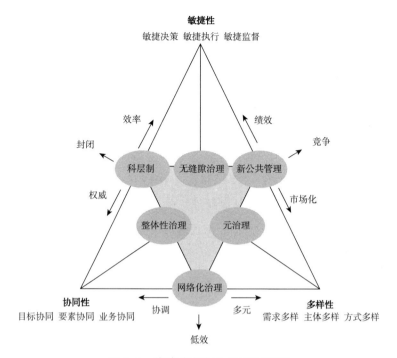

图 2-4　传统城市治理"三元困境"

追求一致性和多元化（代表性）的过程中，产生了治理效率低下的问题。作为其改进模式的元治理模式，通过将处于主导地位的政府适当抽离治理网络，转而进行"治理的治理"，本质是让渡了一部分政府权力，以政府主体的部分退出换取一部分敏捷性，却带来了政府参与网络程度难以确定、监管能力下降、治理网络不稳定等新问题，同时也没有完全解决敏捷性与协同性的矛盾。

（2）要实现协同性和敏捷性，则必须舍弃治理主体的多样性。要保证参与治理决策的各类主体能够进行充分协调，快速达成满足公共利益最大化的一致决策，则被授予决策权力的治理主体、治理需求和治理手段将受到限制，无法实现多样性。典型代表为权威式治理模式中的科层治理。它通过强调内部效率和自上而下的权威确保层级的有效运行，却没有提供多元主体参与治理的通道。整体性治理虽然是当前热度较高的治理理论，但也饱受回归科层制的批评，因它虽然强调了对多元需求的整体响应，但本质上还是侧重内部的整体性而非整个治理结构的整体性，政府依旧是主要治理（服务）者，导致整体敏捷性和多样性均受到限制。

（3）要实现敏捷性和多样性，则治理主体间不能实现协同。多样性的前提是政府的分权和治理结构的多元。在此基础上，要实现治理过程的快速响应和治理需求的灵活应对，就必须采取面向经济、效率、效益的竞争性治理模式，通过各类竞争快速获取治理权力，进而进行治理活动。在这一过程中，整个治理主体群体的协同性将无法保证。典型代表是提倡竞争的新公共管理模式。在 3E 原则（经济性、效率性、效益性）指导下，新公共管理强化了部门间的竞争关系，导致碎片化、离散化，难以形成基于共识的协同治理。而无缝隙治理作为对新公共管理的改良，为无缝隙服务提供了一定的内部协同性，但仍是以市场化方向进行的改革，导致政府部门在结果导向的绩效标准和过程导向的管理责任间摇摆，表现出政府对公共责任承担的角色缺失。

敏捷性、协同性和多样性，不是城市治理现代化面临的唯一问题，却是城市治理发展至今仍难以调和的三个关键问题。以现代化城市治理理念为指导，通过信息技术手段融合现有治理模式的数字治理，在效果—效率、开放—封闭、竞争—合作等维度寻求突破，使得城市治理向"困境三角"迈进，这已成为破局的关键，也是城市治理的核心定位。

第三章

城市数字治理理论框架

——"平台＋生态＋信用"的城市数字治理模型

数字治理理论是西方公共治理的前沿理论之一，与整体性治理理论、网络治理理论并称为后新公共管理时期三大主流理论。它的出现是为解决由新公共管理运动主张分权与效率的过度运用引致的碎片化、低效化问题，主张通过信息技术和信息系统变革重塑公共部门的管理流程，以此构建高效的组织运转体制，从而提升公共部门管理绩效，进一步提高其服务社会、服务于民的水平。

城市数字治理是数字治理理论在城市领域的重要发展，体现了新城市治理理论的主要思想。新城市治理理论提出，在"以人为本"的新时代，围绕现代化治理的"德治、精治、法治、共治"原则，要按照国家治理体系与治理能力现代化的要求，按照"平台＋生态＋信用"智慧治理需要，按照普惠化公共服务与特色化公共服务兼容的需要，整体构架国家和区域城市治理体系，实现"央—地"垂直方向、"政府—市场—社会—公民"水平方向，以及不同尺度空间上的公共服务供给、交付和消费优化配置，研究开发与新城市治理相适应的新型基础设施。

同时，伴随着中国在数字经济、基础设施建设等方面的不断突破，以及以人民为中心的实践经验与城镇化进程后发优势的不断叠加，中国在城市数字治理方面取得了长足进展，颇有反客为主之势。从网格

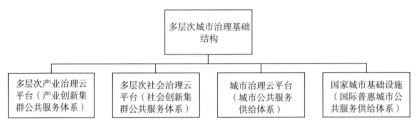

图 3-1　新时代国家城市治理体系理论框架

化管理到"一网统管""一网通办""最多跑一次""不见面审批",各地不断赋予城市数字治理中国特色,这是我国城市工作者和广大人民群众不懈努力的成果,是中国之治弯道超车的具体表现。因此,本研究所提出的城市数字治理,是经过我国长期探索实践,内涵极大丰富后的中国城市数字治理。

3.1　城市数字治理的内涵与特征

3.1.1　城市数字治理的核心内涵

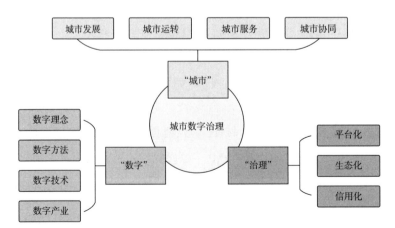

图 3-2　城市数字治理的核心内涵

"城市"是本,"治理"是方,"数字"是器,三者各有独特的内涵和外延，又相互影响，共成一体。对城市数字治理的研究，可从"城市治理""数字城市""数字治理"等多角度展开。以城市治理现代化为大背景和总目标，从"数字"视角看城市治理，以数字治理为城市治理服务，能有效推动城市高质量发展、高水平运转、高品质服务和高都市协同，实现现代化的城市治理。

因此，本书研究的城市数字治理，是指在包含政府、社会、市场等子系统的城市治理体系内，面向城市现代化治理需求，以法制化、标准化、规范化为前提，以数字化理念和技术发展为契机，以基于数字技术的数据治理、算法治理、应用治理、组织治理等数字化方法为主要手段，支撑实现包含平台化的治理模式、生态化的多元合作和信用化的规则共识的现代化城市治理理论及应用，是对"数字化、多元化、共识化"发展趋势的有效回应。在我国城市数字治理实践中，还融合了精细化管理、城市综合管理等中国特色理论，是在数字时代背景下对当代中国科层制现状进行的积极改良，具有丰富内涵和鲜明特征。

3.1.2　城市数字治理的四大特征

1. 在理念层面，核心是以人为本的现代化城市治理

城市数字治理的主要理念，在于面向城市治理科学化、精细化、智能化发展要求，充分运用数字化数字技术和新治理思维，推进城市治理制度创新、模式创新、工具创新和应用创新，在法制规范前提下推进敏捷治理、协同治理和多元治理，推动实现法制、规范、高效、协调、民主的现代化城市治理。

城市数字治理的核心价值和主要挑战，就是坚持以人为本。各类技术运用和政策制定，都需要确立以市民为中心的基本理念。如应从市民需求开始，而不是政府根据管控需要制定政策和选用技术；通过新技术应用不断创新服务模式，了解使用服务的群体以及群体需求，以便构建有效的公共服务体系；扩大和丰富公共参与范围和方式，切实维护公共利益等。

案例：重庆市"大城三管"

重庆市"大城三管"即"大城细管"、"大城众管"和"大城智管"，是重庆市多年城市建设与管理探索的历史经验总结和群众智慧结晶。"大城细管"是要全面推进城市的精细化管理，在管理上重细节、抓具体、促落实，"细管"既是目标也是手段。"大城智管"是将大数据等新一代信息技术手段应用到城市管理中来，提高城市智能化管理水平。"大城众管"是指城市管理需要政府、社会、市民共同出力，协同推进。这三者之间相辅相成，"细管"是城市管理的目标，"众管"和"智管"是手段，城市管理需要依托"众管"和"智管"才能达到"细管"的效果。归根结底这三管都是为了提高人民群众对城市管理的满意度，通过法制规范的"细"、民主协调的"众"和高效的"智"，使人民群众在城市里生活得更舒适、更便捷、更温馨。

2. 在结构层面，核心是跨主体的治理结构优化和跨部门的组织流程优化

城市数字治理强调共治、精治、法治，政府、公民和其他主体共同参与到依托数字技术重新整合的整体化治理结构中，共同行使治理权力和供给公共产品。这意味着在城市数字治理体制中，政府通过适当放权，强化了以市民为中心的治理结构，进一步促进了政府、企业、市民及其他组织之间的互动，体现了服务型政府和善治政府建设的要求。同时，将碎片化、复杂化的治理层级、功能和公私部门重新整合，打破部门界限，突破功能分割、各自为政的管理和服务方式，实现从金字塔状组织结构向扁平化、网络状组织结构转变，由过去以部门为核心的办事方式，转变为以业务为核心的办事方式，直接面向服务客体，使信息和资源突破传统职能（条条）和辖域（块块）分割的权力壁垒，形成随需而变的业务流程和跨部门协作的工作环境。

案例：珠海横琴"物业城市"App

"物业城市"App 是一个以"市民治理"为理念，充分运用"互联网+"技术，将志愿服务和有效激励相融合的新型互动式手机应用软件。软件为市民、志愿者、企业提供便利平台，鼓励市民参与城市共治，激发市民作为城市主人翁的责任感，推动实现"人民城市人民管"。

"物业城市"App 系统一期、二期力求通过建立积极的奖励机制，激发市民共同参与城市治理的热情，如，对于市民用户，举报环节统一定为每个事例给予 30 到 50 个积分奖励，抢单处理环节每个事例给予 100 到 150 个不等的积分奖励，以奖励方式鼓励市民在发现问题的同时，勇于解决问题。对于志愿者，则提供一定额度的人身意外商业保险和志愿补贴予以激励。App 系统的审核、积分兑换和变现环节，一概采取网上操作，并经必要的评价便可获得相应的奖励和服务，大大提升了市民参与度。

3. 在运行层面，核心是数字化的一核多元、全面协同

城市数字治理主张以党和政府为核心，多元主体有序竞争合作，从政府包办到政府托底、多元参与，从而达到高效治理。政府主导是中国当代科层制在城市数字治理中的体现，它确保了治理过程在例外情况下的决断力，避免无法协调各种相互冲突的需求而产生的混乱状态。中国国家建构的历史从一开始就决定了现代中国组织架构与实践运作必然要贯彻党的理念和意志。因此，中国的科层制事实上拥有工具理性和价值理性的双重属性，这又保证了在党的领导下的公共价值共享，使市民感受到政府主导的安全感、有序高效的幸福感、价值共享的获得感。

案例：集中力量办大事是中国战"疫"的最大优势

集中力量办大事是我国社会主义制度的显著优势。正是因为有这个显著优势，中国才能成功破解许多发展中国家难以破解的难题，党和国家事业才能在新时代发生历史性变革并取得历史性成就，才能创

造世所罕见的经济快速发展和社会长期稳定两大奇迹。在这次新冠肺炎疫情防控斗争中，"中国之治"的这一独特优势得以充分彰显，领导核心坚强有力、中央和地方两个积极性充分发挥、基层治理效能有效释放、人民主人翁意识全面激发，在健康码等数字技术辅助下，疫情防控有序高效，公共价值得到有效保障。

在此基础上，城市数字治理通过数字化转型实现跨层级、跨地域一体化协同，达到更加灵活和富有弹性的城市治理，创造可持续的公共价值。通过跨部门的合作，政府信息和数据通过电子化方式和网络平台在不同部门之间共享，以此支持协同的有效组织和治理框架，实现以数据为中心的治理，即以数据为中心，通过数据收集、确认、聚合、分析，产生数据服务与产品，并对服务进行聚类产生价值。在治理实践中，数据的参与实体包括政府、企业和公众和数据提供者等；数据的中间过渡参与者为政府、企业和应用开发者，数据最终为政府、企业与公众服务。在此基础上建立明确决策与责任、政策与标准、指导原则、隐私与条约以及普通数据的集成框架，实现整体数据治理。构建政府、公众、企业和非政府组织的各角色协同框架，在公共部门内部和非政府组织、企业或公众等外部角色之间建立协同机制，由不同角色构成城市数字治理生态系统，通过与政府的交互，支持数据、服务、内容的生产与访问，促进相关角色的投入使用以调整供需关系。

4. 在工具层面，核心是降低社会交易成本和改革成本

城市数字治理通过业务处理实现自动化和自主性，以数据、算法和人工智能支撑科学、准确的决策和执行。包括提倡统筹建立城市数字治理通用基础设施，在避免重复建设前提下确保治理能力均等化；完善数据治理和算法治理工具，确保数据信息的高效利用能力、数据驱动能力和服务输出能力；提倡基于信息化的城市治理多元监督和效能评价，准确识别和规制公共部门外部性，通过反馈调节实现城市治理流程闭环。

通过构建数字化工具，一方面保障城市数字治理能促使信息公开

共享和高效流转，创造便捷化的治理手段和信息对称的治理环境，降低城市治理多元参与的交易成本，实现治理资源的优化配置；另一方面，通过组织数字化降低改革成本，实现动态性、适应性的组织形态调整，提高对城市不同运行状态下治理重点的应对能力，实现动态的"一网共治、制度重塑"。

案例：上海市城市运行管理中心

上海市城市运行管理中心于2020年4月开始建设和运作，其功能定位是上海市"一网统管"建设平台和运作实体，城市运行管理和应急处置主要载体。上海市城市运行管理中心通过"一网统管"平台全面使用实时数据指挥城市运行，并对重点领域进行模块化管理，全方位服务保障城市安全有序运行。"一网统管"平台设市、区、街镇三级城运中心。市级城运中心平台重在抓主体、组架构、定标准，制定"一网统管"逻辑架构、业务规则和基本制度，依靠兼容开放的框架，汇聚数据、集成资源，赋能支撑基层的智慧应用。区级城运中心平台是区层面指挥中枢，重视调动区级部门资源，强调统筹调配资源，重在连通上下、衔接左右，发挥系统枢纽和平台作战的作用，是绝大多数城市管理事件处置最主要的指挥中心。街镇级城运中心平台重在抓处置，强实战。在保持原有城市综合管理中心职能基础上，将社区平安、社区管理等领域的巡查力量和处理力量进行"一专多能"整合，将发现、上报、流转、督办、考核等枢纽职能进行归并，实现一个平台统一指挥。

案例：杭州下城区"1+8+X"多级指挥平台

杭州市下城区高度重视城市大脑在市域社会治理中的实战应用，率先提出数字驾驶舱构想。经区统筹谋划建设，全域铺开1个区级，8个街道级，X个部门、园区级的特色数字驾驶舱，形成"1+8+X"数字治理基础设施智慧平台。经疫情实战检验，数字驾驶舱具有智慧便捷化、管理精细化、应用实战化、服务人性化等特点，全方位提升了城市管理质效。

3.2 城市数字治理体系结构

要实现城市数字治理目标，需要从治理领域、治理阶段和治理方法三个维度认识城市数字治理的体系架构（见图3-3）。

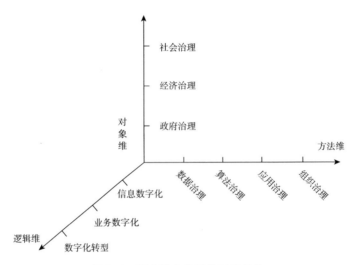

图3-3 城市数字治理的三维结构

3.2.1 城市数字治理主要领域

党的十九大提出建设数字中国以来，数字中国建设的战略思路逐步清晰，主要涉及数字政府、数字社会和数字经济三个方面，分别对应城市数字治理的三大应用领域，即数字政府治理、数字社会治理和数字市场治理。

1. 数字政府治理①

数字政府重视和强调的是数字化时代的政府转型，其重点并不在于

① 刘晓红、王旭、王子文：《江苏数字政府建设的现状分析与对策建议》，《现代工业经济和信息化》2020年第10（11）期，第4页。

技术本身，而是如何利用现代数字技术促使政府数字化转型（digital transformation）。所谓的数字化转型，其基本含义在于运用数字技术改变政府的结构、功能、工作流程、服务提供方式等，再造政府履行职能和治理的模式。所谓的数字政府是指运用数字技术创造公共价值，它是整体政府现代化战略的一个不可分割的部分。

（1）数字政府目标核心与传统意义上的政府基本一致。数字政府目标核心和传统意义上的政府目标核心或者最终目标都是以为人民服务为核心，都是以公众对公平、公正、法治、安全、环保等方面的需求为出发点，都是围绕公众、企业、政府部门提供服务，最终目标都是为公众提供更好的生活、工作环境，为企业提供良好的营商环境，为政府部门简化流程、创新工作和提高行政效率。

（2）数字政府要求政府职责体系梳理重构，打造整体性政府。数字政府职责体系涉及各个政府部门的各项职能，具有一定的相互关系、内在逻辑和运行机制，很多研究提出要从整体、协同和有机的角度考虑数字政府职责体系的构建。整体政府作为一种新的改革理念，其目的是为了破解高度专业分工的政府体制所面临的部门主义、各自为政等问题。数字政府要明确"统与分"的边界，组织结构更加扁平化，业务流程更加精简化。同时，要明确数字政府职责体系，处理好数字政府事权和职责，避免"各自为政、自成体系、重复投资、重复建设"等现象。

（3）数字政府在组织形式上数字化、虚拟化。数字政府是实体政府在网络空间的组织形态，通过组织扁平化、业务协同化、服务智能化等方式，与实体政府有效衔接并相互驱动，打造一种新型政府运行模式。

2. 数字社会治理①

数字社会主要表现为社会本身的全面数字化，是智慧社会的重要

---

① 王文、刘玉书：《论数字中国社会：发展演进，现状评价与未来治理》，《学术探索》2020年第7期，第14页。

技术支撑，也是智慧社会的主要形态之一。在中国共产党第十九次全国代表大会报告中，习近平总书记首次同时提出建设数字中国与智慧社会。他指出："加强应用基础研究，拓展实施国家重大科技项目，突出关键共性技术、前沿引领技术、现代工程技术、颠覆性技术创新，为建设科技强国、质量强国、航天强国、网络强国、交通强国、数字中国、智慧社会提供有力支撑。"数字社会建设由智慧城市、社会信用、市场监督、民生服务、公共安全、乡村建设、生态环境治理、自然资源监管八个核心部分组成，是数字中国建设的重要基础。

智慧城市是数字社会治理的重要保障，是城市数字治理理论在城市治理领域应用的主要形态，覆盖公共服务（智慧政务、智慧医疗、智慧文化教育）、社会管理（智慧社区、智慧公共安全、智慧食品药品安全）、产业发展（智慧产业、智慧物流、电子商务、智慧旅游）、资源环境（智慧环保、智慧节能）和市政设施（智慧交通、智慧城管）等领域，是通过信息技术和信息系统变革重塑公共部门的管理流程，提升公共部门管理水平、公众自治能力和整体响应能力，进而提升社会治理能力的重要应用。

3. 数字经济治理①

所谓数字经济，是指以使用数字化的知识和信息作为关键生产要素，以现代新型网络作为重要载体，以信息通信技术的有效使用作为效率提升和经济结构优化的重要推动力的一系列经济活动②。在致第五届世界互联网大会的贺信中，习近平总书记指出，"当今世界，正在经历一场更大范围、更深层次的科技革命和产业变革。互联网、大数据、人工智能等现代信息技术不断取得突破，数字经济蓬勃发展，各国利益更加紧密相连。"作为一种新的经济业态，数字经济正深刻改变着人类的生产和生活方式，其基本内涵主要包括以下几个方面。

（1）数字经济包括数字化基础设施、数字产业化、产业数字化、

---

① 祝欣越、邢丽云、申奇：《数字经济在地市的发展现状及规划建议》，《信息通信技术与政策》2020 年第 11 期，第 4 页。

② 刘欣：《数字经济：蓬勃发展跨界融合》，《今日中国》2019 年第 7 期，第 48~51 页。

数字化治理。数字化基础设施，即固定宽带网络、基于 4G/5G 的移动网络、物联网、数据中心等与网络连接层面相关的数字化设施。数字化基础设施是发展数字经济的基石。数字产业化，即涉及数字信息的生产和利用，旨在创造和引导信息数据流向，使之服务于产业发展的需要，是一种基于数据信息的新模式。产业数字化，重点关注数据在传统产业的利用，通过数字技术，实现传统产业的质量提升、降本增效、长效运营等目标，为其注入新的活力和动能。数字化治理即将数据分析技术运用到全域社会治理和公共服务领域，通过数字技术完善管理体系，节约政府开支、优化政务流程等。

（2）数字经济是传统经济活动的数字化整合，同时数字经济对不同产业的渗透表现出差异性[①]。数字经济以第二、第三产业为基础，同时反哺第一、第二、第三产业，是以数字技术为链条的多层次整合，具有深度渗透的作用。数字经济不是新的经济活动，而是需要紧紧依托传统经济架构，在不同维度上实现边界的外延和系统化整合。与此同时，数字经济带来的推动效果却是彻底的、全局的。

（3）数字经济服从经济发展的必然规律。数字经济的生产要素是数字化的虚实结合，是经济体孪生的镜像构成，但依然服从经济的发展规律。过度鼓吹数字经济的优势，背离经济的发展规律，必然导致经济产业结构失衡。合理利用数字经济的发展优势，才能实现经济体的健康发展。

3.2.2 城市数字治理的主要阶段

1. 信息数字化（数字化转化）

信息数字化是模拟形式变成数字形式的过程，即将模拟信息转化成 0 和 1 表示的二进制代码，以便计算机可以存储、处理和传输这类信息。如在生产活动中，对一个对象、一条业务规则、一段业务处理

---

① 陈小辉、张红伟、吴永超：《数字经济如何影响产业结构水平》，《证券市场导报》2020年第 7 期，第 20~29 页。

流程方法，以数据的形式人为地录入下来，大量依靠关系数据库，如表（实体）、字段（属性），把这所有的一切都变成了结构性文字描述。

信息数字化对于处理模拟信息和"基于纸张"的流程来说十分重要。但需要注意的是，这仅仅是对信息的数字化，而非对流程进行数字化。

2. 业务数字化（数字化升级）

业务数字化是指利用数字技术实现传统业务流程在数字空间的再现，进而改变和创新业务模式。数字业务能模糊数字世界和物理世界，以此可以创建新的业务设计。

3. 数字化转型

数字化转型是建立在信息数字化、业务数字化基础上，进一步触及治理核心业务，以新建一种治理模式为目标的高层次转型。主要包括三个方面。

一是数字业务模型。传统业务模型已经被数字创新所摧毁，不再有效，需要创造一个适应数字时代的、可变的、数据和技术强化的业务模型。

二是数字运行模型。就是在数字化的条件下，重新定义运行模型，清晰地描绘业务功能、流程及其与组织架构之间的关系，以及人、团队、各组成部门之间如何有效互动，从而实现组织的战略和最终目标。

三是数字人才与技能。首先必须帮助其领导层进入数字时代，拥有数字思维和基本的数字技能。其次，需要具备相应的人力组织制度，确保相关人才能力的数字化更新。最后，需要创新组织架构、工作策略和方法，使得数字工具和业务人员能有效地合作和整合在业务流程之中。

3.2.3 城市数字治理的主要方法

1. 数据治理

数据治理是基于数据生命周期，进行数据全面质量管理、资产管理、风险管理等统筹与协调管控的过程，也是对数据进行处置、格式化和规范化的过程。数据治理方法，就是与保障信息的质量、一致性、易用性、安全性和可用性有关的政策制定和实施方法，主要议题为数据资产管理、数据质量管理、数据风险管理、数据绩效管理和数据规范化管理。

2. 算法治理

算法治理是指利用以人工智能技术为代表的算法技术推动城市治理降本增效、提升治理能力的治理活动，以及为避免算法黑箱、算法歧视、算法独裁和算法战争等风险而采取的对算法设计和利用行为的治理。后者的主要议题是不可解释隐忧、自我强化困境和主体性难题等。

3. 应用治理

应用治理是指从数字化顶层设计到基础设施、应用场景评价反馈等的一系列治理活动。

顶层设计对城市数字治理至关重要，包括战略层面、制度层面和业务层面。战略层面包括研究制定全市大数据、互联网+、智慧城市等发展战略，以及相关信息产业的发展规划和实施方案。制度层面包括出台与城市数字治理相关的如数据确权、共享、利用、安全等方面的法律法规，以及促进城市数字治理建设的政策文件，业务层面包括设计城市数字治理的业务流程及系统架构。

城市数字治理"新基建"是与现代化城市治理体系相适应的，为城市治理全周期业务提供基础的、共性的、多目的的功能支撑的能力总合。在数字社会背景下，城市数字治理"新基建"主要指处在城市智能硬件设施体系和城市治理各类应用之间的"城市操作系统"，包括能力支撑层、系统优化层、通用应用层和体系保障层。

应用场景治理是指城市数字治理过程中依据基础设施建设情况以及数据和算法治理水平，对组织活动、流程、业务模式和主体能力等方面进行重新定义，开发相应的数字化应用场景以支撑最优的城市管理和服务模式的治理活动。

城市治理评价是借助大数据平台和算法等数字技术对治理成果进

行评估以及时准确识别、计量和规制各治理主体外部性防止治理失效，并为城市战略、政策实施过程提供即时反馈，在城市数字治理实践流程上实现闭环，促进城市治理水平不断迭代优化。

4. 组织治理①

数字治理中的政府组织治理是指利用数字化技术进行组织结构变革和组织流程优化的过程。组织流程再造的目的在于，通过技术实现治理过程的科学分解、治理部门的有效协同、治理流程的删繁就简、公共服务体验的升级迭代，全面实现治理过程的科学化、精准性、智能化与人本化，以适应城市数字化发展与治理的转型要求，打造整体性、一体化与无缝隙的科学治理体系。

3.3　平台化的政府数字化转型

本书对平台驱动的数字政府概念进行丰富，提出内、外部两个平台化的概念。内部平台化指通过组织和业务的数字化帮助政府各部门在一个内部平台上实现扁平化、柔性化、动态化的整体政府；外部平台化指在"政府即平台"的概念下构建社会共治大平台，通过让其他主体更好地参与治理，以更少的资源做更多事情的治理模式。通过以两个平台化为目标的政府数字化转型，推动城市治理向更敏捷、更多元的治理目标迈进。

3.3.1　内部平台化推进敏捷的政府治理

传统政府治理遵循韦伯的科层制原则，其核心要件是等级分明、规则约束、劳动分工和专业化、档案制度等。为了回应治理的敏捷性要求，即敏捷决策、敏捷执行、敏捷监督，数字治理要求政府结构超越内部纵向层级与横向结构的物理整合，以数字技术对政府业务流程

---

① 温新民、许焕英：《移动政务中的组织变革技术研究》，《行政与法》2018 年第 11 期，第 16~24 页。

进行重塑再造、信息共享和权力重构，消除政府治理的碎片化、割裂化、交叉化困境。地方政府在重塑组织内部业务流程和数据共享方面的创新实践，表明数字技术可通过构建扁平化、柔性化、动态化的数字化组织架构和适应性的业务流程，切实促进整体政府的实现，提高治理效能和敏捷性。

1. 扁平化

扁平化强调通过数字技术和工具，降低组织纵向层级对治理能力的负面影响。随着数字技术的蓬勃发展，科层制组织内部发生了适应性变革。等级分明的层级结构需要逐步向非集中、扁平网络结构转变。与此同时，与技术发展相匹配的治理结构在科层体制内做出了适应性调整。数字政府建设的终极目的，在于把集中管理、分层结构、在工业经济中运行的管理型大政府，变革为适应虚拟的、全球性的、以知识为基础的信息经济的无缝的、协调的、网络化的服务型政府。

当前，各地政务服务大厅、大数据主管部门不断涌现，从侧面印证了信息技术对政府流程和职能再造的积极作用，但对政府组织结构的影响尚未显现，政府职能部门依然保持"条块结合、以块为主、融条于块"的权力结构特征，我国政府总体上属于分级管理的体制模式。未来，随着公众需求的个性化、实时化、规模化发展，将对政府运行效率提出更高要求，传统线性的、层级制的、单向的信息传递方式将囿于效率困境，倒逼政府重构传统组织管理体系，打破部门的原始边界，建立与时代相适应的非线性的、扁平的、交互式的组织模式。

2. 柔性化

柔性化强调通过数字技术和工具，弱化横向部门和外部主体的原始边界，提供灵活可变的组织方式，针对不同治理主题和需求，形成以核心部门为主体、相关部门密切配合、社会治理资源全面参与的治理格局。

在现行的科层制组织架构、严格的岗位分工和业务技术支撑条件下，各单位按照自身职责和工作流程应对各自治理挑战，较难形成最好的治理组合应对不同的治理挑战。现在的各种工作专班，在比较低的层面一定程度上实现了组织形态的改变，对提高政府治理能力起到了一定的作用，但难以满足柔性化变革能力，并产生了结构冗余。基于数字化的柔性组织要求各单位实时在线，并根据要应对的治理需求进行科学的组合，构建应对治理需求的最优组合方式。组织数字化能降低组织转型成本，提供一定的组织形态柔性调整和恢复能力，以适应不同状态的治理需求。

柔性组织为跨部门的流程再造提供便利。在应对不同组织形态需求时，结合治理形态和技术支撑条件的变化，可以更好地根据需求建立更加高效的沟通机制、资源调度机制、工作运行机制，以适应需要，实现跨部门的流程再造，提高政府整理的治理效能。

3. 动态化

城市运行状态是动态变化的，单一的治理形态和流程往往无法应对多种城市状态下的不同治理需要。以城市治理的平战转换为例，动态化数字组织是理想的应对模式，它能够降低实体组织形态转换成本，提高转换效率，帮助以更适合的组织形态构建常态和非常态下的治理机制。在实现组织数字化的道路上有一个逐步推进的过程，总体来讲要经历三个阶段。

第一阶段，初始的科层制阶段。这一阶段，体现为组织形态的相对固化。战时状态由于要应对重大事件的治理要求，对政府主导的治理工作提出了更高要求，体现出传统组织体系应对重大事件能力的不足。

第二阶段，科层制和战时状态并行。一方面，科层制还是政府的基本形态，日常工作仍基于科层制开展。另一方面，重大事件不断发生，为此，基于整体政府运作和城市数字治理中心支撑的应对重大事件的战时状态不断产生、运行，形成了战时状态的政府组织和运行形态与机制。科层制和战时状态的并行同时满足了城市整体治理的需求，也提高了政府各单位实时在线并根据要应对的治理需求进行科学组合的能力。

第三阶段，组织数字化阶段。随着数字治理理念在政府和社会的不断深入推广，以及支撑组织数字化的实时在线和业务协同的技术能力的不断提升，政府各单位在应对重大事件的战时状态中不断形成良好的协作配合关系和工作惯例。组织数字化可以从战时状态进入平时状态，形成政府治理的全面数字化。

通过组织数字化，治理水平将在一次次的平战动态转化中得到持续提升。一方面，平时治理能力的储备，为战时更好地应对重大事件提供了基层条件。另一方面，在战时状态形成的好的治理能力、经验和条件，也能给平时状态治理水平的提升起到教育、引导和推动作用，带动政府整体治理水平的持续提高。在一次次平战转化的循环中，城市治理能力持续提升。

3.3.2 外部平台化搭建共同治理基础设施

为促使全社会顺利参与城市治理的各类议题，需要以政府为主体建立共同治理平台等一系列治理基础设施，保障治理资源、主体和需求在平台上的协同。在搭建共同治理平台基本框架的基础上，建设相应模块，将有助于实现平台化的资源配置、多元参与和需求匹配（见图3-4）。

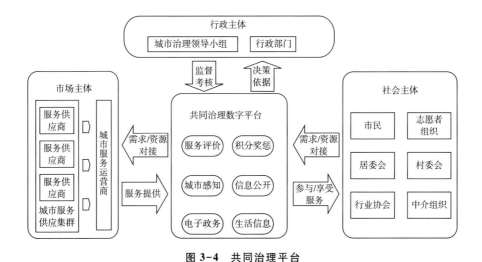

图 3-4 共同治理平台

1. 资源交易模块

基于市场设计方法，构建城市治理资源交易机制和平台，各类主体可以在该平台上对接人力服务、技术服务、系统共享、数据共享、设备工具共享等公共服务或资源需求。以现金或公共服务积分结算，盘活各类主体闲置治理资源，优化配置优势资源，避免多区域城市治理水桶效应，实现治理资源的整合利用。通过与城市信用管理平台对接，实现基于信用激励的企业、组织和市民的公共服务自给，助力共建共治共享的社会治理格局。

2. 多元参与模块

目前，我国社会组织体量规模虽然很多，但真正公益性社会组织数量偏少，能够成为基层治理服务主体的更是屈指可数。大多数社会组织受资金和规模限制，很难得到场地、技术、项目等方面的扶持。有些社会组织受登记机关和业务主管单位"双重管理"，导致对社会组织没有统一有效的监管机制，一些社会组织未经批准自行成立并开展活动，造成监管不到位。为践行城市共治共享、共建共管的理念，应建立主体参与平台，旨在孵化和培育发展多类型公益性社会组织，并为其提供党建指导、注册服务、专业辅导、政策解读、资源对接、活动宣传等专业服务，引导规范运营和健康发展，同时将社会组织日常活动纳入全过程监管，实现对社会组织在赋能中监管、在监管中赋能。

3. 需求匹配模块

需求匹配平台是基层治理统一的社会服务供需信息发布、交易平台，供政府、社会组织、企业等主体发布、查询和使用购买服务的相关信息，在政府、社会组织、企业、居民间搭建起沟通桥梁，实现供给侧和需求侧精准对接，党心和民心相连相通。符合条件的需求主体可自行发布服务信息，主要包括：购买项目的主要内容、资金预算、对承接方的资质和条件要求、购买结果以及其他相关信息。符合条件的供给主体可抢单，同时可发布自己的能力方案，并自行对项目内容的真实性及本机构的资质和能力负责，主要包括：项目的主要内容、是否曾经实施、实施成效或预期达成的绩效指标、机构资质证明以及其他相关信息。需求匹配平台提供交易全过程留痕监管能力，真正做到"民有所呼、我有所应""你点单，我接单""你有所需，我必有所应"，让为民服务供需对接更精准，激发各主体参与社区治理的动力，构建基层治理"共同体"，有效提升人民群众的幸福感和获得感。

3.4　生态化的多元治理结构

城市数字治理的生态化治理结构指依托共同治理平台，通过多主体协同、模块化设计、社会化服务、专业化外包、精细化评价等形成行政主体、市场主体、社会主体三位一体，责任清晰、伙伴关系、竞合共生的数字化城市治理共同体，推进城市治理的多样化、协同化。

3.4.1　生态化协同治理体系

1. 多元参与的运管体系

生态化治理的运营管理体系主体包括政府、居民、经营者、城市服务商、游客、投资者等主体。政府向具备专业资质的城市服务商购买服务。通过城市治理权对服务商参与城市治理提供必要的权利保障。城市服务商整合赋能各类专业分包商，对城市服务进行"专业化、数字化、机械化"的运营管理。

基本的城市服务运营以公共空间为中心向两端辐射，一方面适度参与城市公共项目的运营服务，实现集约提效；另一方面有节制开发公共资源，对公共空间实行反哺，推动实现城市自循环系统的建立。为更好地保障这个以"公共空间、公共项目、公共资源"为核心的循环圈实现良性运转，城市服务商主动孵化依托公共项目开展的经营性业务，让城市空间更有温度；另一方面深度参与辅助公共服务类业务，让城市空间更有秩序。

在整个"管理+服务+运营"的新型城市治理生态圈里，除了政府和城市服务商的高度参与以外，居民和经营者、游客和投资者可以通过数字平台线上渠道，多方参与，与线下的源头服务实现对接，从而达到真正的共治共享，推动城市打造宜居宜商宜旅宜业的良好城市治理生态环境。

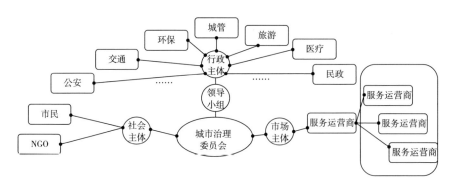

图 3-5　生态化城市治理组织结构

2. 模块化城市治理设计

以社区为基础，围绕城市重点公共空间点，将城市事务和服务领域分成若干个细分板块，将各类专项服务嵌入其中，基于模块特征制定模块化的工作任务清单，全面提升城市治理效率。

3. 社会化城市服务供给

依托行业协会和社会团体，引导各成员自觉遵守社会文明、维护城市秩序。构建专业志愿者参与机制，明确专业志愿者队伍的法律地位，创新工作方式，辅助专业化执法工作。

4. 管理项目专业化外包

开展市政道路污染治理与保洁、路灯维护巡查、无牌商贩管理、重点区域交通秩序引导管理、"两违"辅助巡查、食品药品检定检测、污染物监测等项目的外包，通过与外包机构的合作，推进一些示范项目的试点，摸索更高水准的管理模式。

5. 城市治理精细化评价

设立项目执行评价清单，清单包含详尽的工作项目、完成质量标准、项目考核机制等内容。通过评价清单的设置，实现对外包项目的精细化管理，依据清单内容对相关社会组织及专业机构进行季度和年度考核，并探索第三方独立评价考核机制。

3.4.2　构建城市治理共同体

清晰责任。政府以运营商总负责制将城市服务总包给城市服务运营商，在政府和企业间形成合理的权责边界，降低政府行政成本；在政府和社会间形成责任缓冲区域，降低城市治理阻力，提高社会满意度。

伙伴关系。强调运营商在谋求自身利益最大化的同时与政府做好合作、沟通与协调，平衡好商业利益和公共社会利益，建立良好的政商伙伴关系；后者以市场化和专业化原则建设城市服务供应链，实现服务供应的集群化、伙伴化，提高城市服务水平。

竞合共生。基于城市治理基础设施建设和多元化、信用化、竞合化的社会治理生态，对内允许市民和社会组织与城市服务运营商和供应商在平台上进行"服务竞投"，直接参与自我满足式的城市服务，形成内部伙伴关系；对外实现对投资者、旅游者和其他关心本市的个人或组织的服务记录、画像和积分，保留外部伙伴记忆，最终打造政府、市场、社会各类主体参与城市服务的自适应、自组织的竞合共生伙伴关系。

3.5　信用化的社会共识体系

城市信用是现行城市治理体系的重要补充，是城市经济社会健康运行的重要保障。城市信用体系建设有助于推进政府、市场、社会组织及个人等多元力量基于信任共识广泛参与城市治理，以共识促进治理的协同性，以降低治理交易成本提高治理敏捷性。

城市管理信用体系建设，是由政府、企业、行业协会、信用中介机构、社会组织、个人等各方力量广泛参与的城市治理过程，政府、市场、社会等多元主体共建共享、互相监督，有助于在城市管理领域

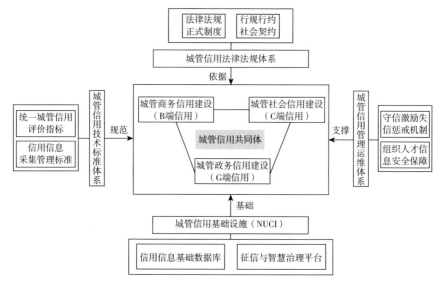

图 3-6 城市管理信用体系

推动政府公共部门职能转变、培育市场主体自律意识、实现社会多元共治格局。因此，建设中国城市管理信用体系的首要任务是构建城管政务信用、商务信用、社会信用"三位一体"的城市管理信用共同体，兼顾多元、注重互动、倡导协同，推动城市治理体系和治理能力的创新化与现代化。

3.5.1 政府端（G 端）：加快推进城管政务信用建设

政务信用是城管信用体系建设的关键。作为城市经济社会运行秩序的维护者，城市管理相关政府部门既是信用体系建设的主体，又是城市治理的主体，其信用水平对其他社会主体的信用建设发挥着重要的表率和导向作用。

一是坚持依法行政。将依法行政贯穿于城市管理决策、执行、监督和服务的全过程，全面推进城市管理领域的政务公开，在保护国家信息安全、商业秘密和个人隐私的前提下，依法公开信用信息，建立信用共享机制。切实提高城市管理部门工作效率和服务水平，加强社会监督和约束，拓宽公众参与渠道，提升政府公信力，树立城管执法部门公开、公平、清廉的诚信形象。加强法律知识和信用知识学习，增强政府工作人员的法律和诚信意识，建立守法守信、高效廉洁的城管执法队伍。

二是发挥城市管理部门信用建设示范作用。各级城管执法部门要首先加强自身信用建设，以政府的诚信施政带动其他市场和社会主体树立诚信意识、提高诚信水平。在行政许可、政府采购、招标投标、科研管理、干部选拔任用和管理监督、申请政府资金支持等领域，率先使用信用信息和信用产品，培育信用服务市场发展。建立相关人员的诚信档案，将诚信记录作为干部考核、任用和奖惩的重要依据。

三是加快城市管理部门守信践诺机制建设。严格履行政府向社会作出的承诺，把政务履约和守诺服务纳入城管执法部门绩效评价体系，把发展规划和工作报告中的目标落实情况以及为城市居民办实事的践诺情况作为评价城市管理部门诚信水平的重要内容，建立健全政务和行政承诺考核制度。各级城管执法部门对依法作出的政策承诺和签订的各类合同要认真履约和兑现，积极营造公平竞争、统一高效的城市管理服务行业环境。

3.5.2 企业端（B端）：深入推进城管商务信用建设

商务信用是城管信用体系建设的重点，是推进城市管理市场化改革进程中有效维护商务关系、有效降低运行成本、有效改善营商环境的基本条件。在城市管理领域，提供城市公共产品和公共服务的企业与人民群众日常生活息息相关，其信用建设直接关系城市治理的效率与水平。

一是引导市场主体诚信守法经营。针对属于城市管理综合执法范围内的个体工商户、法人和其他组织，以风险为核心、以信用为解除，建立分类分级执法标准和规则，对不同市场主体分类施策、精细执法，把市场主体守法和违法等信用信息纳入记录，并作为执法监管的重要依据，让市场主体享受到诚信守法经营带来的"红利"，有效引导形成市场主体自觉遵法守法、共同参与城市治理的良好氛围。

二是加强政府采购招投标信用建设。加强城市管理部门政府采购信用管理，制定供应商、评审专家、政府采购代理机构以及相关从业人员的信用记录标准，强化联动惩戒。依法建立政府采购供应商不良行为记录名单，对列入不良行为记录名单的供应商，在一定期限内禁止参加政府采购活动。完善政府采购市场的准入和推动机制，充分利用工商、税务、金融、检查等其他部门提供的信用信息，加强对政府采购当事人和相关人员的信用管理。

三是强化企业信用自律和诚信管理。加强燃气、生活垃圾运输处理，建筑废弃物排放运输、消纳等关系到人民群众日常生活的城市管理行业企业的自身信用建设。开展城市管理行业企业诚信承诺活动，加大诚信企业示范宣传和典型失信案件曝光力度，引导企业增强社会责任感，在生产经营、财务管理和劳动用工管理等环节中强化信用自律，改善商务信用生态环境。鼓励企业建立科学的信用管理流程和内部职工诚信考核与评价制度，支持有条件的企业设立信用管理师。

3.5.3 社会端（C端）：全面推进城管社会信用建设

社会信用是城管信用体系建设的基础，遍布城市经济生活各个领域的社会成员只有以诚相待、以信为本，才会形成和谐友爱的人际关系，才能营造出良好的城市社会氛围，实现城市和谐稳定和长治久安。

一是社会组织信用建设。城管、民政等相关部门建立跨部门协作机制，依托法人单位信息资源库，加快完善城市管理领域社会组织登记管理信息。健全社会组织信息公开制度，引导社会组织提升运作的公开性和透明度，规范社会组织信息公开行为。把诚信建设内容纳入城市管理领域社会组织章程，强化社会组织诚信自律，提高社会组织公信力。发挥行业协会（商会）在行业信用建设中的作用，加强会员诚信宣传教育和培训。

二是城市居民信用建设。突出城市居民信用建设在城管信用体系建设中的基础性作用，依托各级各类人口信息资源库，建立完善居民个体在城市经济社会活动中的信用记录，实现全市范围内个人信用记录全覆盖。加强城市管理领域重点人群信用建设，强化城市管理部门公务员和城管执法人员的诚信管理和教育，建立城市管理相关企业法定代表人、财务会计人员、项目经理等人员的职业信用记录，加大对城市管理领域失信人员的信用监管。

三是加强社会诚信教育与文化建设。一方面普及诚信教育，将诚信教育贯穿市民道德建设和精神文明创建全过程，在开展城市管理相关工作的过程中面向机关、企业、学校、社区等宣传普及诚信教育，开展市民群众道德评议活动；另一方面加强诚信文化建设，以城市居民为对象，以诚信宣传为手段，以诚信教育为载体，弘扬诚实守信的传统文化和现代市场经济的契约精神，充分发挥电视、广播、报纸、网络等媒体的宣传引导作用，结合道德模范评选和诚信创建活动，树立城市管理领域诚信典范。

第四章

城市数字治理的战略意义

——三个有利于

在新城市治理理论支撑下，将数字治理与城市治理相结合形成"平台+生态+信用"治理理念，将有助于解决传统城市治理的"三元困境"，它是整体性治理在数字时代深度发展的代表性理论。其积极意义在于：首先，有利于改善政府管理碎片化、割裂化、交叉化局面，促进政府管理体制的整合与创新发展，提高行政效率；其次，有助于改善城市治理各部门、主体分割的局面，以生态化的合作模式提高整体治理效率和资源配置水平；最后，以信息技术和规则共识为纽带，促进公共组织内部组织制度和人员思想的变革，从而构建真正意义上的城市治理的长效机制。

4.1 有利于突破传统治理"三元困境"

数字治理理论是基于整体治理理论发展出的对新公共管理理论进行批判和超越的治理理论，在发展过程中其又与各类治理模式有机融合，形成了通过信息技术手段提升治理水平的治理模式。数字治理能够降低治理系统的交易成本和改革成本，有助于消除传统治理状态的约束条件，突破"三元困境"（见图4-1）。

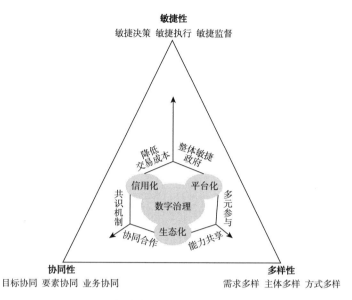

图4-1 新时代城市数字治理的理论定位

4.1.1 数字治理核心内涵的驱动要素

从数字治理的核心内涵来看，其治理体制、机制、目标和工具都蕴含着向敏捷性、协同性、多样性三个治理要素延展的潜在驱动力，产生该驱动力的原因是，数字治理的本质是现代数字技术与多种治理模式的融合（见表4-1）。

表4-1 数字治理核心内涵的驱动要素

数字治理		敏捷性	协同性	多样性
治理结构	多元主体			√
	组织数字化	√		
	平台化治理		√	
运行机制	政府主导	√		
	有序高效		√	
	价值共享			√

数字治理		敏捷性	协同性	多样性
治理工具	数字基础设施		√	
	数据、算法、应用、组织治理	√		
	数字化监督评价			√
治理理念	平台化治理	√	√	
	生态化治理		√	√
	信用化治理	√	√	

4.1.2 平台化治理促进整体敏捷和多元参与

1. 整体性数字政府提升治理系统敏捷性

在我国政府横纵相结合的网格状直线职能式结构中，纵向的层级制更加受到重视，其强调从中央到地方自上而下层层授权和执行。这种体制虽然有利于防止权力滥用但也会带来层级过多引起的行政效率低下的问题，难以对社会民众的需求做出及时、有效的回应。这种机制以合理的分工、权力集中的控制和专业的训练标志着其组织形式的高效，但是随着工业时代向后工业时代的过渡，已不甚适用，如专注于各种规章制度及其层叠的指挥系统已经不能有效运转，机构臃肿、浪费严重、效率低下。它在变化迅速、信息丰富、知识密集的当今已不能高效地运转。

在城市数字治理时代，万物互联使信息资源的获取更加高效、便捷，社会大众对公共服务的需求和获取效率提出了更高的要求。这就迫切地需要构建有限政府和有为政府，通过优化传统组织结构、减少行政层级、减少行政审批、扩大横向管理幅度、提高行政效能，尽可能快、尽可能丰富、尽可能高质量地向社会大众提供公共服务。在数字治理环境下，由于信息的分布结构和传输方式的开放性，权力系统随之成为开放的体系。权力流向从以命令和服从为主的纵向向以透明和制约为主的横向转变，扁平化的横向权力结构取而代之金字塔式的纵向权力结构，大量减少权力中间传递层次即传统政府的大量上传下达的中层，使权力流转更为直接、透明。信息资源的分布和传输的开放性，以及信息资源交互的纵横交错性都促使政府组织结构向着扁平化的方向发展，通过减少行政管理层次压缩职能机构、裁减人员而建立起来一种紧凑、富有弹性的新型管理模式，进而推动实现提高政府运作效率效能、降低政府运作成本的目的。

2. 多元参与机制提升治理多样性

传统政府管理理念认为，只有政府才能提供并处理好社会公共事务。在这种理念的支配下，政府对社会公共事务大包大揽，管了许多"不该管、管不好、管不了"的事情。传统的政府组织结构也深受这种政府管理理念的影响，按照这种理念进行设计和安排，由政府自建、自用、自管、自营政务信息化项目，因此导致在政务信息化领域出现政府既是管理者又是建设者和使用者的"管运一体"模式。在这种模式下，政府管理部门与信息技术部门没有清晰的边界，在很大程度上技术变相地主导了政府信息化发展的方向，业务被技术牵着走，形成了重技术、轻业务，重建设、轻应用等怪现象。这既干扰了行政机关对政务业务和服务的改革创新，又不能保障技术管理与运营的质量。在传统的无所不包的"全能政府""无限政府"模式下，政府部门事无巨细，往往胡子眉毛一把抓，没有把主要精力集中在解决主要矛盾上。

在数字政府时代，互联网等新兴技术突飞猛进，更新迭代速度飞快，市民需求也层出不穷，而政府的主要精力也用于履行宏观调控、市场监管、社会管理、公共服务等方面的职能。无论是技术水平还是人财物资源上，单纯依靠政府自身难以有效吸收转化日新月异的信息技术，并组织相应资源满足城市的管理服务需求。因此，数字时代的到来将引导政府改变大包大揽的传统思维，广泛、充分地调动一切积极因素，吸纳企业等市场主体和公众的参与，并与市场和社会主体形成紧密的公私合作与伙伴关系，政府通过考核评价和奖惩机制促使专业化的社会主体提高服务质量，从而能够满足更多样化的治理需求，也让政府从繁杂的事务性工作中解放出来，将更多的精力投入到简政放权、放管结合、优化服务的工作中，增强政府的公信力和执行力，建设人民满意的服务型政府。同时，通过公私合作也可以把政府的主要精力转移到抓住主要问题、主要矛盾的"方向盘""牛鼻子"上来，充分利用数字力量提升公共服务水平，加快释放数字红利，促进数字经济的壮大和发展，让广大人民群众享受到数字经济带来的实惠和便利。

4.1.3 生态化治理促进协同合作和能力共享

1. 协作型生态体系提高治理协同性

治理组织结构是构成治理共同体各要素的配合和排列组合方式，既包括各类主体、各个层级之间的分工协作关系以及联系沟通方式，也包括纵向的直线式结构和横向的职能式结构。在城市数字治理时代，行政理念实现从"管理"到"治理"的跨越，强调政府对社会公众需求的积极回应，及时为公众提供多元化、个性化的周到服务和公共产品，以及多元主体参与城市事务的通道和机制。城市数字治理一方面要求对传统的以政府包办的行政组织金字塔式的科层结构进行改造，减少行政层级，扩大行政组织的横向幅度，加强横向行政组织之间的协助与合作，将行政组织向与民众直接接触的地方、基层、社区下垂，建立一种扁平式的行政组织结构并将其布置在能有效、快捷提供公共服务和公共产品的第一线，形成行政服务网络，从而对民众需求做出及时、灵活、有效的回应。另一方面，城市数字治理要求在政府与市场、社会各类治理主体之间建立责权清晰、友好竞合的协同机制。在这种需求的驱动下，将现代信息技术整合到城市治理中，有助于整合信息资源，理顺、简化流程，促进信息资源的共享开放，提高政府的效率，增强各主体、各部门、各层级之间互动，降低协调成本，提高治理共同体的整体治理效能。

2. 主体能力资源共享提高治理多样性

从社会控制、社会管理到社会治理的转变历程，是政府不断向社会放权、激活政府以外主体治理活力的过程。城市数字治理强调社会公众赋能赋权，为建立共同治理共识机制提供条件，扩大公众参与社会治理的可能性和可行性，规范群众诉求表达、加强利益协调、更好地引入市场和社会力量进行服务自给和事务自治，降低行政成本，提高社会活力，构建敏捷、协同、多样的城市数字治理生态。

4.1.4 信用化治理促进共识机制完善和降低交易成本

1. 完善共识机制提高治理协同性

基于诚实信用建设，建立政府与社会各类主体的沟通、协调、信任、参与和交易机制，以基于信用的奖惩机制引导信用主体在社会活动中保持合规、在经济活动中注重践约、在基本素质上持续诚信，从而促进多元主体有效参与感知、分析、决策、执行、反馈等多个环节；在从志愿服务到系统能力的多个层面实现治理资源共享共用；实现共享开放、公平透明、规范安全的公共资源市场化交易，提高治理整体的协同性。

2. 降低交易成本提高治理多样性

从交易成本的角度来看，信用和信用体系在城市治理中能够降低治理过程中主体参与、资源配置、需求匹配等无效成本，包括：1）制度性无效成本，即政府对人（法人）的不信任，为此采取审批、登记、公正等措施或制度，导致效率不高或未来成本加大，或权力滥用导致现实成本加大；2）中介性无效成本，即由政府派生或改制而生的社会中介机构，借助行政权力从事中介服务，开展一些不必要的审计、见证、评估、仲裁、调查、担保、评比、准入考试、资格认证等活动，加大社会预防失信的成本和当事人费用。3）交易性无效成本，包括由于信息不对称，当事人承受的失信损失和采取的预防失信成本，以及因信用恶化造成市场交易大量以现金方式进行而增加的不必要的融资成本等。通过降低治理交易成本，使得多样性的主体、能力和资源能更有效地进入城市治理过程。

4.2 有利于推进"以人为本"的城市治理现代化

数字治理理论在中国的实践是结合中国当代科层制度、城市综合管理、精细化管理等城市治理理论展开的，是保障和推进城市治理科学化、精细化、智能化进程，提升人民获得感、幸福感、安全感的理论实践创新。它不仅是城市治理方法，也是治理目标，既是工作举措，又是工作要求。

4.2.1 突出以人民为中心的核心价值

人民至上，全心全意为人民服务，是中国共产党永葆的初心和本色。党的十八大以来，习近平总书记多次强调坚持以人民为中心的发展思想的重要性及必要性。在纪念马克思诞辰 200 周年大会上的讲话中，习近平总书记对以人民为中心的发展思想进行了更为系统的论述。2020 年 5 月，习近平总书记在参加内蒙古代表团审议时再次强调："我们党没有自己特殊的利益，党在任何时候都把群众利益放在第一位。"

"城市是人民的城市，人民城市为人民。"打造宜居、舒适、便捷、安全的现代智慧城市，必须充分考虑到"能否坚持以人民为中心，能否践行新发展理念，能否把增强人民群众获得感摆在突出位置"。中央城市工作会议指出："城市工作要把创造优良人居环境作为中心目标，努力把城市建设成为人与人、人与自然和谐共处的美丽家园。""无论是城市规划还是城市建设，无论是新农村建设还是乡村振兴，都要坚持以人民为中心"，"让人民有更多获得感，为人民创造更加幸福的美好生活"。因此，以人民为中心是新时代城市治理的核心要义。

城市数字治理在以人民为中心上的实践，一是体现在"让百姓少跑腿、信息多跑路"方面。科学技术是由人民所创造，必然要为人民服务。近年来，智慧医疗、智慧课堂、智慧团建、智慧出行等使老百姓足不出户或少出几次门就可以高效、便捷地实现自身的合理性目标。这让我们看到，科学技术在人民群众生活质量提升中的重要作用，在未来的城市数字治理过程中，也必须继续深思如何使人民群众在科技发展中持续获益，而不是让人民群众成为受制于科技理性的工具。二是充分调动了广大人民群众的积极性、主动性和创造性，共建、共治、共享现代化城市家园。城市治理离不开党和政府的领导和支持，更离不开人民群众的广泛参与。通过数字治理，推动党和人民共同参与的双向格局形成，有助于完善城市治理体系，促进城市的和谐、可持续发展。三是选贤举能，用好人才。习近平总书记多次强调"党和人民事业要不断发展，就要把各方面人才更好使用起来，聚天下英才而用之"。数字治理强调数字方法和技术的应用，强化专业人才意识，使人才这一城市数字治理的第一资源的创新创造活力充分迸发。

4.2.2 在能力和体系两方面的双重促进

数字治理理论通过对治理目标、治理体制、治理机制、治理工具的深化和创新，提升、拓展和延伸了城市治理能力，补充、固化和优化了城市治理体系，促进了城市治理能力和治理体系现代化（见表4-2）。

表4-2 "数字治理"对城市治理现代化的作用机制

作用方面		作用方式
城市治理能力	能力提升	"数字治理"对城市治理传统能力进行数字化赋能，释放基层人员工作压力，促进城市治理业务的降本增效，实现管得更好更快
	能力拓展	"数字治理"对传统城市治理存在的盲区、弱项进行全覆盖，以数字化手段补充城市治理能力，拓展了城市治理范围和能力边界，实现管得更全更精
	能力延伸	"数字治理"促进城市治理能力向"规、建、管、治"一体化的全周期治理延伸，强调多元共治解决城市问题，体现超前思维、溯源思维、系统思维，实现管得更深更远
城市治理体系	体系补充	"数字治理"依托数字化治理理念和手段，极大地拓展了城市治理边界，是城市治理体系在社会数字化进程中的重要补充
	体系固化	"数字治理"依托信息系统对城市治理的工作流、信息流、价值流进行数字化支撑，对面向科学化、精细化、智能化目标的制度办法进行固化落实，是城市治理体系创新成果的固化手段
	体系优化	"数字治理"适应数字社会发展趋势，推动城市治理从信息数字化（又称数字化转化）、业务数字化（又称数字化升级）向全面数字化转型转变，结合"放管服"改革，推动城市治理业务进行系统性、全面性的体系重构，是城市治理体系的优化方式

1. 能力提升：显著提升行政效能，降低行政运行成本

在后台管理上，数字治理建构了集约、统一的信息化管理架构数

据标准，打通了数据壁垒。在中台支撑上，通过建立统一的政务云平台、大数据中心、公共支撑平台等方式，为前端应用提供数据共享、统一身份认证、电子印章、电子签名等基础支撑。在前端应用上，通过协同办公系统、移动办公端、具体业务应用的建设，最终在公务人员这一用户层面，极大地提高了办事效率，降低了行政成本。

2. 能力拓展：定义全新服务方式，高效便捷服务市民

城市数字治理借鉴互联网思维，强调"数据多跑、群众少跑"，因此催生了"只进一扇门""最多跑一次"，甚至是"零跑腿、零排队、不见面、自动批"的政务服务。同时，通过对政务数据资源的共享、开放及开发利用，政府可以为社会大众提供更多的增值便民服务，如企业或个人信用的综合查询等。数字治理充分利用持续更新的信息技术，为市场和社会提供"无址化、不打烊"的政务服务。

除了传统服务的优化与提升，城市数字治理还提供了大量网络化、智能化的行政工具，在特定用户场景下，产生了质变效果。比如，在新冠肺炎疫情的抗疫应对中，各地通过数字平台提供了大量新型行政服务，在数据收集、信息分享、降低人员接触等方面发挥了关键作用。

3. 体系补充：构建数字化决策体系，促进科学化、智能化

获得相对充分的信息，是支撑正确决策的重要前提。城市数字治理通过物联网、移动互联网、数据协同等方式极大地提升了决策中信息获取的广度与信息传递的速度，减少了决策的盲目性。海量信息汇总后，大数据人工智能技术的综合运用，智能化地为决策提供分析辅助，提升决策的科学性，减少经验主义的拍脑袋决策。在执行层面，可以对决策进行快速、准确的传达，并在短时间内，甚至即时获得反馈信息，可以保障决策的正确贯彻，并在必要时对决策进行及时调整。

4. 体系优化：优化多元参与体系，助力共建共治共享

社会公众数量众多，分布零散，关系错综复杂，他们有序参与社会治理的重要前提条件是存在一个可以有效组织的平台将广大公众有序组织在一起，为个体提供表达意见和进行治理的渠道或工具。在数字时代之前，这种参与有着高昂的成本，不仅需要投入巨大的宣传资

源去传播话题，而且在交互、收集、整理意见过程也需要大量的人工和物资资源。数字技术的发展为解决这些问题提供了条件，通过建设数字平台，实现了基层社区治理事项投票、日常管理事项签到打卡、公共事务网络公开等方式，使多元主体之间信息交互的工具大大丰富，公民有序参与社会治理的成本迅速降低。

城市数字治理理论对城市治理能力和治理体系两方面的作用，既相互依存、促进，又相互制约。数字化能力在适合的体系下才能发挥效力，数字化体系也需要足够的能力支撑。城市数字治理正是在技术手段方面促进城市治理能力和治理体系协调发展，促进城市治理现代化的有力支撑。

4.3 有利于实现可持续城市治理

1987 年世界环境与发展委员会发表题为《我们共同的未来》报告，报告中正式提出了"可持续发展"的概念，并从保护和发展环境资源、满足当代和后代的需要出发，提出了一系列政策目标和行动建议。2000 年，世界各国领导人在联合国千年首脑会议上制定了消灭极端贫穷和饥饿、确保环境的可持续能力、制订促进发展的全球伙伴关系等 8 项千年发展目标（Millennium Development Goals，MDGs）。2015 年 9 月，联合国可持续发展峰会正式通过了《变革我们的世界：2030 年可持续发展议程》，提出了 17 项可持续发展目标（Sustainable Development Goals，SDGs）和 169 项具体目标。这些目标兼顾了经济、社会和环境的可持续发展，成为继千年发展目标到期后全球可持续发展新的指引，为此后 15 年全球各国的可持续发展与合作指明了方向。

越来越多研究直接对标 SDGs 评估城市的可持续发展，对城市的生态建设、环境改善、资源环境承载力、创新能力等进行了评价。表 4-3 将城市数字治理的功能与 SDGs 框架进行对比分析，通过梳理城市数字治理在实现 SDGs 方面的具体举措，体现城市数字治理在提升城市治理可持续性方面的积极作用。

表4-3 SDGs指标体系与城市数字治理功能对标

SDGs可持续发展目标	SDGs目标内容	城市数字治理作用	典型应用
目标1：在全世界消除一切形式的贫困	该目标旨在通过社会保障、帮助所有人增加收入、摆脱贫困，通过政府减贫、社会保障类两类具体目标来实现该目标益	建立贫困人口数据库，准确识别贫困人口；政府各部门信息共享，建立工作机制；对贫困群众的扶贫政策、信息实时更迭，对贫困群众进行扶贫政策动态跟踪；对每笔扶贫资金进行监管；对扶贫效果进行评价	智慧扶贫：在脱贫攻坚的工作开展中，运用大数据和云计算等数字科技建立实时迭代和高效共享的贫困人口信息，详细记录致贫原因和帮扶需求的目标，形成扶贫专题数据库，和更新贫困群众门信息共享与互联互通，从而形成实时的信息迭代和信息畅通的信息共享机制，实现精准扶贫
目标2：消除饥饿，实现粮食安全，改善营养状况和促进可持续农业	持续地获得营养、健康的食物，实现可持续发展的基本要求，该目标包含营养状况、持续农业、政府调控三类具体目标	物联网技术的应用让农业生产更高效；精准农业大数据助推农业高质量发展；农业数字化转型提高土地产出率、劳动生产率和资源利用率	智慧农业：农业数字化转型促进农产品产销精准对接，提高产品流通各环节的数字化，推动农产品生产、处理等过程中的不确定性。利用大数据、人工智能，将经验、知识和技术数据化，实现智能生产、高效生产，能有效解决劳动力缺乏、行业风险高、生产效益低等问题
目标3：确保健康的生活方式，促进各年龄段人群的福祉	该目标主要针对卫生领域，旨在消除传染性疾病，并减少非传染性疾病，改善妇女生殖健康和幼幼保健、维护和促进所有人的健康福祉，包含健康水平、疾病防控和健康服务三类具体目标。	5G远程传输技术可打破医疗资源和医疗资源空间局限，突破诊断和治疗的地域限制，释放出核心医疗资源，实现医生患者资源的更高效分配和对接。借助计算机视觉技术和机器辅助诊断系统，能够快速对病情进行更快速的判断，有效减轻医生工作负荷，提升诊断效率。新疫苗、新药的研发和上市需要大量的数据分析，文献筛选和超强的计算能力，人工智能凭借其强大的计算能力和快速智能分析加速药物研发进程	智慧医疗：在中国很多城市，预约、诊疗、支付、药品配送、健康管理等医疗全路径已实现数字化，农村居民也可通过智能诊断、远程会诊等方式在家门口享受到更优质的医疗服务。"互联网+医疗健康"已成为医疗健康服务体系的重要组成部分，特别是在新冠肺炎疫情期间，充分发挥"免接触"优势，开辟了线上抗疫"第二战场"

续表

SDGs可持续发展目标	SDGs目标内容	城市数字治理作用	典型应用
目标4：确保包容和公平的优质教育，让全民终身享有学习机会	该目标旨在确保全民获得高质量的教育，增加学习机会，促进和维护教育公平，包含教育机会和教育均衡两类具体目标	数字技术与教育创新融合，深化教育改革，促进教育公平，推动教育均衡发展，建设高质量的教育体系	智慧教育：以现代信息技术构建为基础的开放式网络教育，使接受教育者的学习不再受时间、空间的限制，保障了保障式的教育城乡平等性。开放式的教育网络为每一个国民提供了保障，同时也为全体国民提供了更多的接受教育的机会
目标5：实现性别平等，增强所有妇女和女童的权能	性别平等是维护公平、激发女性社会发展潜能的重要举措，也是实现人类可持续发展的必要基础。该目标旨在推动性别平等的实现，保障妇女和儿童享有平等权利，包含妇女儿童权益保护、决策管理和涉及妇女权益法律保护三类具体目标	数字社会生产方式极大降低了性别差异，为女性价值实现、权益保护和保障，倡导提供更多渠道和保障。同时，数字政务的各类服务不断优化，针对妇女儿童职能将能更有效地保障各类政府职能的履行	智慧民政：智慧模式能有效破解民政服务难题，通过将原来单一的民政部门升级改造升级为全市统一认证的民政平台，打通"信息孤岛"，实现上下级民政部门互联互通，信息共享，业务协同，让市民快捷高效地办理城乡低保、特困救助、临时生活救助、慈善救助申请及留守老人、留守妇女、留守儿童数据信息采集和养老服务管理、婚姻登记预约、社会组织登记申请等民政业务
目标6：为所有人提供水和环境卫生并对其进行可持续管理	该目标旨在通过可持续管理，在不损害生态可持续性的前提下，最大限度地解决饮用水、水质、水资源系统等问题，包含安全的饮用水与卫生、水资源涉及保护水与生态系统利用及保护水生态系统三类具体目标	智慧环保将人工智能等技术融合到环境管理、环境监测，通过提出大数据进行应急管理，风险评估、分析，从而提出环境治理慧型解决方案	智慧环保：以滇池流域水环境监测网络信息平台为例，该平台向整合各级地表水环境质量监测站和污染源监测设备数据，横向整合水文水资源、水务、气象等部门数据，直观全面地呈现水环境质量状况。同时，平台还可利用遥感技术，动态呈现生态植被、固体堆场、矿山、建筑工地等生态环境要素监测变化情况，为流域生态环境管理及环境执法提供信息支撑

续表

SDGs可持续发展目标	SDGs目标内容	城市数字治理作用	典型应用
目标7：确保人人获得负担得起的可靠和可持续的现代能源	该目标旨在通过推广清洁能源技术、扩大基础设施建设、投资可再生能源，优化节能实践，加快向负担得起的可靠和可持续能源系统过渡，包含现代能源服务和能源服务效率两个方面	数字技术在能源行业的深入应用，助推能源清洁生产。数字技术赋能新能源新模式新业态，推动绿色消费。运用人工智能、大数据等新一代信息技术，从能源生产、能源供给、能源管理、能源服务等相关方面进行全方位的数字化转型	智慧能源：将先进数字通信技术、控制技术与先进能源技术深度融合，有力支撑能源电力清洁生产和供应模式多元化，提升数字技术赋能能源系统中清洁能源比例。推动能源数字化质量变革，实现供应模式从规模速度型向质量效率型转变
目标8：促进持久、包容和可持续经济增长，促进充分的生产性就业和人人获得体面工作	经济增长是可持续发展的主要动力，充分就业是摆脱贫困的主要手段。该目标包含经济可持续增长、生产率、增长条件，促进就业与劳动保障四类具体目标	数字经济重构商业模式，提高劳动生产率，促进产业升级，推动大众创业、创造就业能力	数字经济治理：能够有效提升劳动生产率，通过数字化促进流程改造优化、大数据、物联网等的使用增加了生产自动化能力。数字经济创新传统的社会服务和生活，适合大量中小企业创业。通过数字技术创新满足城市化的各种服务，为产业带来更加精细的分工，催生众多的岗位，满足转移人口的就业
目标9：建造具备抵御灾害能力的基础设施，促进具有包容性的可持续工业化，推动创新	基础设施建设、工业和创新是该目标发展的三个主要动力，该目标包含投资具备适应力的基础设施，促进工业有包容性的可持续工业化以及科技创新三类具体目标	投资以数字技术为代表的新型基础设施建设，推进我国基础现代化水平的不断演进和提升。高技术产业、科研创新等相关的新型基础设施建设推动形成新的经济模式。在数字经济背景下，互联网、大数据，人工智能和实体经济深度融合，逐步实现数字化、智能化，推动制造业转型升级	智能制造：发展智能制造就是为了生产效率更高、产品质量更优、生产成本更低、市场响应更快，实现高效、优质、低耗、清洁、灵活的生产。通过智能制造帮助传统制造业转型升级。智能制造的本质就是工业化与信息化的深度融合，智能的自学习能力的不断提升，制造的本质就是把设计链接与产品变成虚拟产品，把虚拟产品就是其本质成为现实

续表

SDGs 可持续发展目标	SDGs 目标内容	城市数字治理作用	典型应用
目标 10：减少国家内部和国家之间的不平等	可持续发展是均衡、协调、包容的发展，减少不平等是可持续发展的重要目标。该目标包含收入平等和条件平等两类具体目标	一方面通过数字技术有效识别城市治理不均衡性特征，指导相关政策制定；一方面基于数字化能力的可复制性，提供均衡的治理能力，进而降低不平等性	数字基础设施：通过统一建设城市数字治理共性能力基础设施，降低区域间、行业间、层级间的治理能力差异，提供平等、均衡、包容的治理条件和能力，提高治理均等性
目标 11：建设包容、安全、有抵御灾害能力和可持续的城市和人类住区	该目标旨在针对城镇化进程中城市无序扩张、居住条件差、大气污染等严重制约城市可持续发展的问题，建设健康、宜居的城市，优化人居环境，包含住房保障、人居环境、住区安全三类具体目标	智慧城市建设通过对城市的地理、资源、环境、经济、社会等系统进行数字网络化的管理，对城市基础设施、基础环境、生产生活相关产业和城市的数字化、信息化的实时处理与利用，为城市公共管理与服务提供更便捷、高效、灵活的创新运营与服务模式	数字城管：数字化城管中心充分发挥信息化、全覆盖的优势，通过监控和实地巡查绿化脏乱、道路场尘、暴露垃圾等问题进行集中监控，特别是绿化脏乱、道路场尘、暴露垃圾等问题，同时定期开展夜间排查，发现问题第一时间通过数字化平台派遣到相关责任单位。发挥网格化管理优势，多渠道采集督办各类大气污染问题，以改善城市空气质量，优化居住环境
目标 12：采用可持续的消费和生产模式	该目标旨在促进资源和能源的高效利用，推广可持续经济生活方式，减轻经济活动对环境的影响，通过资源和能源的高效利用，开展污染防治工作，倡导绿色消费三类具体目标实现	通过数字化、智能化能源的消费和生产模式，一方面开发新的绿色能源，另一方面提高已有能源的利用效率。大数据、云计算等数字技术在生态环境领域的广泛应用，精准未来生态环境治理，让污染防治变得更加科学、精准	智慧能源：汇聚能源生产、运行、消费、安全等数据，构建智能的数字化平台，可视、可知、可控的数字化场景，以及常态化平台运营管理、数据共享交易和生态链协同等活动，推动能源行业转型升级和绿色发展

续表

SDGs 可持续发展目标	SDGs 目标内容	城市数字治理作用	典型应用
目标 13：采取紧急行动应对气候变化及其影响	气候变化所带来的全球变暖、海平面上升、自然灾害增加严重威胁人类可持续发展。缓解气候变化所带来的影响需要每一个城市采取积极的行动。该目标可以从灾害抵御能力和观念意识普及程度两方面解读	利用 AI 算法来追踪空气污染源头，运用制定有效缓解空气污染的方法。运用遥感仪器学习预测极端天气事件，运用遥感卫星服务灾害救援	智慧环保：利用 GIS、GPS、移动通信等技术，通过风险源动态管理、监控预警、应急指挥等子系统，强化对突发环境事件的日常管理和监控资源。实现对环境现场信息采集、传输、分析、分析等全部工作，对污染事故的扩散范围进行可视化分析，快速提高救援力量和物资，制订应急救援措施，全面高对突发环境事件的应急工作效率、实现快速、高效、准确的突发环境事件的应急应急指挥决策
目标 14：保护和可持续利用海洋及海洋资源以促进可持续发展	该目标旨在预防和大幅减少各类海洋污染，通过加强管理和沿海洋生态系统要能力及方式，可持续管理和沿海洋生态系统保护海洋和沿海洋生态系统	通过新媒体传播保护海洋生态系统的重要性。建立海洋生态保护与预警系统	水体核辐射监测预警系统用于海洋、河流、湖泊等水体环境中的放射性水体监测。通过浮标平台搭载辐射监测仪实现水体 γ 核素种类识别，并在线解谱分析，进行活度浓度，剂量率在线监测，为政府部门、企事业单位水体核污染监测、预警和治理提供强力支撑
目标 15：保护、恢复和促进可持续利用陆地生态系统，可持续管理森林，防治荒漠化，制止和扭转土地退化，遏制生物多样性的丧失	加强森林资源管理，抗击土地退化和荒漠化，保护生物多样性，是保护、恢复和促进可持续利用陆地生态系统的三个重要手段。该目标包含可持续管理森林、遏制土地退化、保护生物多样性三类具体目标	通过新媒体传播保护森林和动植物的重要性。建立森林管理系统，动植物保护系统和陆地土地管理系统	深圳市建立了野生动植物资源地理信息系统，实现了以现代化手段进行动物资源管理、疫源疫病监测，还建立了动物救护基地，为野生动物救护、疫病监测、科普宣传等提供了有效的场所。深圳市平均每年救护的野生动物在 2000 只（条）以上。同时，开展野生动物保护执法行动，做好查扣野生动物的执法鉴定和罚没制品的接收工作

续表

SDGs可持续发展目标	SDGs目标内容	城市数字治理作用	典型应用
目标16：创建和平、包容的社会以促进可持续发展，让所有人都能诉诸司法，在各级建立有效、负责和包容的机构	该目标旨在减少犯罪、减少暴力冲突，维护个人司法权益，创建和谐包容的社会，包含减少一切形式的犯罪，建立有效、透明的机构，保障人权三类具体目标	通过数字政府建设，积极推进简政放权，实现政务服务高效审批。利用现代信息技术手段，大力推进司法公开。完善公共法律服务体系，推动法治文化形成	司法大数据是大数据＋司法领域的技术创新，是以服务智慧审判执行、司法管理以及法院信息化建设为目标。平台汇聚法行等各类数据，依托云计算、大数据分析和可视化展示等技术，为法院提供案件行态势分析、质效指标监测、案件关联检索、主题数据分析、报表数据统计和数据共享交换服务。通过聚焦已经发生的数据态势，预测可能发生的案件动向、研判必然发生的案件趋势、决策应该发生的工作导向，为法院审判执行和辅助科学决策提供实时数据支持
目标17：加强执行手段，重振可持续发展全球伙伴关系	该目标要求政府多种社会群体共同努力，构建社会等可持续发展伙伴关系，营建可持续发展的有利环境，包含顶层设计、伙伴关系和能力建设三类具体目标	利用新一代信息技术的发展为企业、公众等主体参与国家治理创造案件，提升民间社会与国家治理合理水平，帮助打造共建共治共享的治理格局	一方面，互联网等技术发展畅通了政社沟通渠道，促进了政府与公众之间的协同治理。如国务院"互联网＋督查"平台开通了社情民意直通车，大范围拓宽了督查线索来源渠道，优化督查方式，提高督查实效。另一方面，政府数据开放促进了政府与企业之间的协同治理，有利于无分释放企业治理潜能。如市场监管部门通过与互联网平台企业合作建立"大数据交互平台"，开展政府与企业数据的交互，推进实现主体身份比对、信用信息交互，线索推送和案件协查等，形成线上与线下，政府与平台的协同治理格局

第五章

城市数字治理实施路径

——从理论到实践的桥梁

推动城市数字治理，应以提高政府行政能力为首要任务、以完善规则制度供给为基本保障、以保障数字安全公平为底线要求、以构建数字化城市治理共同体为奋斗目标，树立数字治理理念、挖掘数据要素价值、完善数字共性能力、发挥数字外溢效应，构建数字政府、数字社会、数字经济一体化均衡发展的现代化城市治理格局。

基于此，本章提出城市数字治理的"五通"路径模型，从关键机制、安全保障、数字素养等重点方向给出建议，还给出了评估城市数字治理总体水平和均衡程度的评价模型。

5.1　实施路径

城市数字治理的"五通"路径模型包括理念融通、规则贯通、能力互通、主体汇通和领域打通，是以提升城市数字治理敏捷性、协同性和多样性为核心，进而实现效率提升、流程优化、多元参与、价值创新的路径模型（见图5-1）。该模型配合城市数字治理态势分析，将为因地制宜开展城市数字治理提供基本思路。

5.1.1　理念融通

思想观念的与时俱进是城市数字治理实施的首要条件。要强化各级

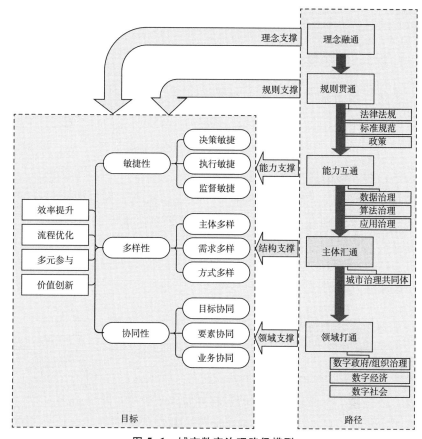

图 5-1　城市数字治理路径模型

政府对数字治理的认知，正确认识和理解城市治理现代化的基本要求与数字治理的关系，提升以数字治理解决治理难点问题的意识。数字治理是以城市治理现代化为目标的治理工具，是当今数字社会背景下实现现代化治理的有效途径和必备能力。如何通过以数字化理论、技术和应用实现城市治理敏捷性、协同性和多样性的融合统一，进而提升城市治理人本化、多元化、服务化、系统化和智慧化水平，是城市数字治理理念变革的核心问题。作为数字治理的重要主体，地方政府要明确数字政府治理的定位，打破思想禁锢，改变以往的工作方式，积极采取数字化方式提高行政能力，推进数据信息共享和政务数字化公开，充分利用信息平台与民众进行互动，强化人们对数字化的认知，盘活社会资源，鼓励民众建言献策，消除政策落实盲点。加强民众对政策落实力度的监督，满足人民群众的多元需求，打造共建共治共享的数字治理新格局。

5.1.2 规则贯通

成立"城市数字治理改革领导小组"，开展面向治理结构优化、组织优化、能力优化、业务优化、服务优化的顶层设计，紧密结合我国"三融五跨"（技术融合、业务融合、数据融合，跨层级、跨地域、跨系统、跨部门、跨业务）协同管理和服务目标要求，从地区实际情况出发，研究制定城市数字治理发展战略和实施方案，建立健全跨组织边界的数字治理标准规范体系，加强对本地区数字治理的统筹规划，增强政府数字治理的制度供给。

5.1.3 能力互通

加大科技引领数字创新力度，提升全民数字素养、加强数字人才建设，为新一代信息技术在城市治理领域的技术创新和应用落地创造条件，重点保障与数据治理、算法治理和应用治理相关的人工智能、大数据、云计算、区块链、5G通信等技术的研发和转化。梳理、整合现有数据、算法和平台资源，形成与现代化城市治理体系相适应的为城市治理全周期业务提供基础、共性、多目的、可复用能力支撑的数字治理基础设施。

5.1.4 主体汇通

基于共识驱动构建城市治理共同体。从社会控制、社会管理到社会治理的转变历程，是政府不断向社会放权、激活政府以外主体治理活力的过程。数字治理为社会公众赋能赋权，为建立共同治理共识机制提供条件，扩大了公众参与社会治理的可能性和可行性，能规范群众诉求表达、加强利益协调、更好地引入市场和社会力量进行服务自给和事务自治，降低行政成本，提高社会活力，有助于构建敏捷、协同、多样的城市数字治理生态。同时，基于数字能力外溢效应，积极探索形成与周边城市数据互通、监管互认、服务互联、社会互助、产业互补和文化互动的数字合作氛围，以数字治理辐射区域发展。

5.1.5　领域打通

依托数据、算法和应用通过打通数字政府、数字社会、数字经济等应用领域，发挥数字治理最大效能。一是基于数据驱动实现组织结构和流程优化，形成扁平化、整体化的新型组织结构和跨组织流程优化的新型业务模式，打造整体"数字政府"。二是以数字政府为核心推进数字产业发展，发展数字经济以反哺数字治理。三是增强数字公共服务和数字社会治理能力，服务数字社会。

5.2　重点方向

城市数字治理，在整体性治理等治理理论的基础上，还强调以数字技术保障治理能力，提升治理的敏捷性、多样性和协同性水平。因此，面向治理要求和基层压力的矛盾，应以制度和系统建设为基础，重点关注关键机制、数字安全和数字素养等关键方向。

5.2.1　推动机制变革，探索"一网共治"

对"一网共治"的理念进行解构，可以从"一网""共""治"三个方面展开。"治"指治理，即要本着以人为本的原则，从管理向治理转变，从被动治理向主动治理转变。"共"指多元协同，包括内部各部门和外部各类主体的共同提升、共同参与和共同享有。"一网"则强调一体化数字支撑，当前的关键在于破除路径依赖实现创新驱动，以及有效向各级政府组织和社会主体赋能赋权。

1. 从管理到治理

"'治理'（governance）原来是一个社会科学的术语，自从中共十八届三中全会将'推进国家治理体系和治理能力的现代化'作为全面深化改革的总目标后，它便成为中国政治的热门话语。

对其含义存在种种不同解读，甚至各种争议也随之产生。作为人类的一种基本政治活动，它存在于古今中外的每一个国家和每一种文明之中。然而，作为政治学的一个重要新概念，它则是当代的产物。治理不同于统治，它指的是政府组织和（或）民间组织在一个既定范围内运用公共权威管理社会政治事务，维护社会公共秩序，满足公众需要。治理的理想目标是善治，即公共利益最大化的管理活动和管理过程。善治意味着官民对社会事务的合作共治，是政府与社会关系的最佳状态。

从理论上说，'治理'的概念不同于'统治'的概念，从统治走向治理，是人类整治发展的普遍趋势。'多一些治理，少一些统治'（less government and more governance）是 21 世纪世界主要国家政治变革的重要特征。从政治学理论看，统治与治理主要有五个方面的区别。其一，权威主体不同。统治的主体是单一的，就是政府或其他国家公共权力；治理的主体则是多元的，除了政府以外，还包括企业组织、社会组织和居民自治组织等。其二，权威的性质不同。统治是强制性的；治理可以是强制性的，但更多的是协商性的。其三，权威的来源不同。统治的权威来源就是强制性的国家法律；治理的权威来源除了法律以外，还包括各种非国家强制的契约。其四，权力运行的向度不同。统治的权力运行是自上而下的；治理的权力可以是自上而下的，但更多的是平行的。其五，两者的作用所及范围不同。统治所及的范围以政府权力所及领域为边界；治理所及的范围则以公共领域为边界，后者比前者要宽广得多。"——俞可平

以上是北京大学城市治理研究院院长俞可平教授对"治理"概念的论述。在该语境下，"管理"似乎是"统治"的一种形式。从城市层面来说，"城市管理"与"城市治理"最典型的区别，一是体现在治理主体是否多元，治理过程是单向还是双向。二是是否强调公共服务。三是"城市管理"的边界范围明显小于"城市治理"。在社会政治生活中，治理是一种偏重于工具性的政治行为。作为首个出台有关城市治理地方性综

合立法的城市，南京对城市治理并不陌生，对治理主体、治理机制和治理工具的认识更加清晰。而数字治理作为一种带有固定治理体制倾向的治理工具，是影响城市治理现代化的重要因素。

从管理学视角出发，治理的双向性也说明它是对政府管理行为的一种反管理。同样，"城市数字治理"也包含"基于数字化的治理"和"面向数字化的治理"两个基本方向，既指通过数字化治理理念和模式治理好城市，也要对数字化治理这一过程本身进行治理。如果忽略了后者，将产生一系列政府意志与市民认同冲突、市场过分入侵公共领域等问题。因此，如何从强调管理的当下向治理转型，是城市数字治理应该辨析的首要问题。

2. 从被动到主动

数据驱动，是通过以移动互联网或者其他的相关软件为手段采集海量的数据，将数据进行组织形成信息，之后对相关的信息进行整合和提炼，在数据的基础上经过训练和拟合形成自动化的决策模型。在数字城市虚拟空间能够完整准确映射现实空间的理想状态下，城市的数字信息能够准确反映作为治理主体基本单位人的各类实际需求和决策偏好，为城市数字治理从被动"接诉即办"向主动分析需求并"未诉先办"提供技术支撑。基于这种数据进行精准决策和主动行动，是数字治理的重要发展方向。

然而，在以数据为中心的数据驱动和以人为中心的人本决策之间的平衡仍是城市治理决策的关键要素，一是因为在当前技术条件下，城市大数据远未达到上述理想水平，二是在一些关键认知问题上，如在数据采集环节是否注重数据安全和隐私等数据权力、在建模分析环节是否以人的需求而非"见物不见人"的量化指标为主要目标等，仍要以人的决策为最终决断才能保证以人为本的城市治理决策。

3. 从路径依赖到创新驱动①

城市数字治理需要克服的另一个理念障碍，是路径依赖与创新驱

---

① 匡亚林：《"思维-技术-规则"框架下超越数字政府技术治理路径依赖的优化方略》，《青海社会科学》2021 年第 2 期，第 77~83 页。

动。一方面，数字治理创新正不可逆转地以显性或隐性的方式推进；另一方面，既往的治理理念、治理工具、治理所依托的技术标准甚至相关的制度支撑均存在一定程度的路径依赖。这种不可逆的改革趋势与当下并不匹配的数字治理工具箱之间的矛盾，成为新发展格局背景下特有的数字治理"悖论"。作为创新驱动的治理模式，当治理对象、治理情景、治理技术发生巨大变化后，数字政府的治理困境也相继出现，特别是在新技术驱动下，政府的数字化转型过程对于既往治理工具、治理能力、治理规则的路径依赖，致使难以较好地发挥技术驱动治理的优势作用，在终端的场景应用场域产生了治理困境，具体体现在政府决策思维、数据辅助决策治理的技能以及数据基础、数字规则等方面。

要突破这一困境，首先，数字政府技术治理需要从路径依赖的内在动力上寻求突破，转化固化的治理思维，用数据提升政务决策科学化水平，用数据进一步优化民生服务效果。其次，要通过技术协同、数据协通、服务协同，建立健全规则体系，理顺政府在信息流通各个环节的权责关系，打破信息孤岛，实现协作共赢，形成多方参与良性互动，以破解既往路径依赖循环策略下的复杂情景治理难题。最后，在数字政府技术治理转型过程中，必须要保障数字技术与公共服务数据信息开放共享的安全，对于新技术的发展需要制定相应的技术规则和使用底线，避免数据滥用和侵犯隐私。数据技术的发展需要建立一定的规则，并确立相应的价值原则和底线意识，形成数据共享的协调机制。因此，构建数据治理共享规则、划定数据安全和共享底线、保障数据权益是打破数字政府技术治理路径依赖的根本保证。

4. 从技术赋能到技术赋权①

技术赋能和技术赋权是数字技术推进政府数字化转型的两大关键机制，前者强调新兴技术对公共部门的赋能作用，后者强调新兴技术赋权社会主体提升其参与和协同能力的价值。一方面，随着数字革命

---

① 匡亚林：《"思维-技术-规则"框架下超越数字政府技术治理路径依赖的优化方略》，《青海社会科学》2021 年第 2 期，第 77~83 页。

的兴起，以信息、知识和技术为代表的社会资源的传播方式发生了明显的变化，一定程度上冲击着不同社会主体的行动模式，并对之前的社会秩序和治理格局产生颠覆性的影响。作为社会治理主体的重要组成部分，数字技术对个人和组织发挥着显著的"赋权"功能。依靠数字技术，他们通过获得信息、参与表达和采取行动等社会实践方式，在实现自身社会地位变化的同时，改变了旧的社会结构，继而完成自我增权。同时，数字技术有利于形成个人、组织与政府协作共治的社会治理新局面。越是复杂的系统，系统协调的要求越高，协同效应也就越显著，由政府主导的传统线性管理模式不能对复杂社会问题给出有效的解释和应对方案，基于新兴技术的多主体协同共治格局和社会协同能力是必然趋势。另一方面，数字技术赋能政府改革是一种以数据驱动、技术嵌入、社会协同的一体化为关键机制的新型治理能力。数字技术对治理能力的驱动首先反映在数字技术驱动的认识论上，数字技术驱动意味着政府治理能力必须要"直接面对数字技术、全面基于数据治理和创新应用数字技术"，超越了既往治理能力的认识论基础，如传统经验驱动、危机驱动和理念驱动等机制。数字政府转型丰富了治理工具，数字技术可以从更宽领域、更长时段、更精细地对公共事务和政策过程进行分析，更加准确、及时、深入地把握多元诉求，预测研判社会发展趋势及潜在社会风险，提升政府决策、监管和服务能力。

5. 从"统管""通办"到协同"共治"

"一网共治"的关键理念是，政府内部组织和外部社会主体的协同共治和共同提升。一是要进一步加强"两张网"建设，通过组织变革和流程优化持续提升部门协同水平，提升内部共治水平。二是为市民公众和企业更广泛地参与城市治理提供渠道和数字工具，从提供诉求向参与治理转变，以"自治"为补充，打造治理共同体。三是提升全民数字素养，弥补数字鸿沟，实现均衡发展。

5.2.2　强化数字安全，保障协同治理

协同的本意是通过合作来提升多个主体达成共同目标的能力。协

同治理则是公共政策或公共管理领域的一种治理安排。协同治理涵盖政府内部纵向结构、横向合作、政府与外部主体、外部主体间的协同逻辑。在城市数字治理视角下，其关键保障是技术和数据的深度运用。一方面是系统支撑的提升，在原有部门治理信息技术和业务系统支撑的基础上，与城市操作系统进行对接。在增加其他部门业务系统支撑的同时，通过文件报送跟踪系统、融合通信系统、资源管理系统和综合监测研判系统，支撑跨层级、跨部门、跨主体协同。一方面是数据支撑能力的提升，依托政务数据的长期积累和外部数据资源的接入，为数据驱动的系统治理提供保障。

然而，技术和数据的应用在提升治理效能、给民众和相关行业带来便利的同时，数字安全问题也日益突出，社会各主体对技术和数据利用的安全和隐患认识不足，公民隐私保护意识比较淡薄，如果把握不好数据利用的尺度，可能会进一步加剧数据歧视与滥用、数据诈骗、非精准推广、信息鸿沟等问题，数据触角无法覆盖的人群有可能被排除在数字化服务之外。同时，还存在网络安全和软硬件系统安全风险。要实现广泛参与的协同治理，数字是工具，信任是关键，安全是基础。强化数字安全治理，是保障协同治理的基础要求。

1. 加强算法监管

伴随着数字空间与现实空间的加速融合，算法已经被广泛应用于各种社会场景。算法可以让整个社会运行变得更高效、更公平、更美好，能高效分配资源。但它也可能破坏数字社会所赖以运行的基础，使资源配置有失公允并缺乏效率，在分配中还表现出对特定群体的歧视。数字空间中的个人隐私几乎完全暴露在算法推荐和数据抓取之中，隐私空间被算法裹挟，加之算法的内部复杂性和商业机密性，普通大众在主观或客观因素上都被算法排斥在外，数字领域频频发生的算法共谋、算法失灵、算法歧视等隐形问题，加剧了数字空间的公地悲剧、市场垄断和逆向选择等外部效应，严重阻碍了数字社会福利最大化的实现。奥尼尔在《算法霸权》中提出算法要公开，要接受政府监督，强调算法要有"透明性"和"可解释性"。合理有序的算法规制和算法透明有助于政府、数字企业、数字公民行使数字监督，共同防范数字权力的异化。理论上，算法透明能为操控者监督数字决策和数字执法提供便利，能保护公众的知情权，保护数字弱势群体免遭数字权力独断专制，也能质疑算法决策的公平性和合理性。但实际上，以数字技术为载体的算法权力的腐败、滥用被隐匿在数字权力运行的更深处，让数字权力的公开无形中被打上"遮阳伞"。因此，政府要拨开算法未知的迷雾，督促掌握数字权力的部门和企业适度有序地公开算法要素、算法程序和算法背景，让大数据权力在数字监督的引领下实现有序运行和积极作为。

2. 加强数据监管

伴随着以数字技术升级为核心的数字经济崛起和社会生产方式深刻变革，数据价值被不断挖掘，在提升生产和治理效能的同时，也隐藏着隐私泄露、大数据杀熟、信息茧房等社会不公平现象。数字企业，包括为数字政府服务的企业，凭借其雄厚的技术和资本支持获得先于数字公民的自我赋权以及更多的赋权权重，由此形成了数字精英和数字公民之间新一轮的"数字鸿沟"。政府应该对技术赋权的分化现象加以规制和监督，利用数字技术规制数字精英和数字公民进行均等赋权，通过构建和完善数字相关的法律法规和监管机制，减少数据利用的灰色地带，缩小因数字鸿沟带来的社会分化。只有保证数字公民大数据权利与数字平台大数据权力之间的基本平衡，才能为大数据的增量发展赢得更多彼此信任的空间。

案例：南京"零信任"数据安全平台

南京市政务云积极打造"零信任"数据安全平台。平台引入"零信任"安全理念，以用户身份为中心，按照持续认证评估和动态最小授权的基本原则，围绕信息化系统建设、管理和使用等不同应用场景，综合利用统一身份管理、环境威胁感知、持续认证评估和动态鉴权管控等技术手段，构建起贯穿数据资源、业务应用和基础网络等各个层面的纵深数据安全防护能力。平台被评为"2021年南京市网络安全优秀实践案例"，后期拟在不断迭代优化的基础上，逐步拓展覆盖范围，实现对政务云精细化、动态化的安全管控，着力打造一体化多层联动政务数据安全防护体系。

3. 建立数字监管体系

如何利用数字技术对治理过程进行有效监管，是城市数字治理安全的另一个体现。数字监督摆脱物理空间的限制，使权力监督以电子信号的速度移动，通过流动着的权力运行轨迹实现权力监督与数字技术的嵌套。传统监督模式囿于"条块分割"的监督思维固化与既得利益束缚，出现"碎片化"和"部门化"等监督疲软问题，不仅会产生高昂的时间成本和管理成本，在行政内耗中降低了监督绩效，还可能会诱发有隙可乘的反监督问题和地方保护主义等腐败行为，在信息失衡中增加廉政风险。而数字监督作为一种新型的权力监督形态，它是廉政治理现代化进程中防错纠错、防腐治腐的重要手段，通过发挥"数据站岗"、"数据说话"和"数据问责"等基本职能，实现全天候的实时监督、全过程的留痕监督、全覆盖的集约监督，推动权力监督向更客观公正、精准智能、防微杜渐的方向发展。

4. 完善数字安全制度①

当前，我国关于政务数据开放和利用的法律体系还未形成。2020年出台的《中华人民共和国数据安全法》提出"数据安全和促进数据开放利用并重"的原则，但具体操作规则、管理规范等还有待细化。法律制度、技术手段的不完善一定程度上阻碍了政府数据开放和利用进程，带来"不敢用、不会用"等问题。

"不敢用"表现在，政务数据包含大量的公民隐私数据，实质上是取之于民、用之于民的公共物品。如何合理合法安全地使用相关数据，最大程度赋能社会经济发展，直接考验管理者智慧。从实践来看，

---

① 《数字时代治理现代化研究报告（2021年）》，中国信通院，2021。

各地已经出现过度采集利用个人数据的苗头性问题，如杭州健康码、苏城文明码，疫情期间人脸信息、个人信息被不规范采集等，引发社会对个人隐私的强烈担忧。从管理趋势看，《数据安全法》《个人信息保护法》等陆续出台，国家对数据安全和个人隐私保护高标准严要求，在尚未形成明确标准的情况下，对政务数据的创新应用容易带来新的问题。

"不会用"表现在，政务数据的利用成效仍然偏低，对利用已开放政务数据进行经济赋能的作用有待加强。在复旦大学"数林指数"四个维度（准备度、平台层、数据层、利用层）中，"利用层"的评分一直居于末位。根据研究初步统计，在已建成的 15 个省级数据开放平台上，数据应用成果 213 个，平均每个省份 14 个，有效应用成果 91 个，平均每省 6 个。成果领域主要集中在交通、旅游等信息查询、公共服务方面，经济领域应用相对较少，进入市场化应用的更少。

因此，应探索建立数据权利"最小保护准则"和平台经济"守门人"制度，并从欧盟的《数字服务法》（Digital Service Act，DSA）、《数字市场法》（Digital Market Act，DMA）、《通用数据保护条例》（General Data Protection Regulation，GDPR）等立法动向中探寻数字安全制度的参照价值，以数字立法的强制性来规范数字权力的公平运行，在保障数据安全的前提下做到"敢用""会用"。

5. 构建数字安全共同体

一是加强政企合作，强化政府在数字安全网络中的核心地位。积极吸纳数字空间能自觉维护数字安全的最广泛主体力量，尤其是有能力维护数字安全的相关企业，如互联网巨擘、数字平台等，形成"一核多元"的数字安全生态。

二是加强与研究机构的合作，加强数据安全治理研究。一方面，应在多学科领域下进行多视角研究，深入探究数字安全治理背后的影响因素和作用机理。另一方面，应立足于本地特殊情况展开具有本土化特色的研究，构建具有地方特色的数字安全治理研究体系。

三是普及数字安全与数据权的相关知识。加强数字安全保护知识的普及，帮助市民了解数据运行流转的方式，普及数字安全相关法律法规，培养市民保护自身及他人数据权的意识，并提升民众鉴别违规行为的能力，推动形成良好的数字保护环境，推进数字安全治理。

5.2.3 提升数字素养，支撑多样治理

面向多样性治理的主题多样和方法多样的需求，需要提升全民数字素养，以求弥合数字鸿沟，提升数字体系运转效率，实现平等平衡的发展态势。

1. 消减数字能力差异，弥合数字鸿沟

数字化深刻改变着人们的日常生活。一方面，对于多数人而言，手机支付、人脸认证、网上挂号、扫码出行等易如反掌的操作，给生活带来了极大的便利；另一方面，对于少数人而言，数字化新技术让他们感到无所适从，生活中处处碰壁，特别是疫情期间，扫不出健康码更是寸步难行，出现数字鸿沟效应。

数字鸿沟具体表现为"接入鸿沟"和"能力鸿沟"。"接入鸿沟"指因为一部分人可以接入数字技术，另一部分人无法接入数字技术所导致的在信息可及性层面的差异。而"能力鸿沟"指近年来随着生产生活的数字化水平不断提升，不同群体在获取、处理、创造数字资源等方面能力的差异。统计数据显示，中国尚有近2亿人未曾接触过互联网。在广大农村地区，买不起或舍不得买智能手机的还大有人在。也有不少人虽然有智能手机，但却不会用不敢用。少数人还有自己的特殊坚持，压根不愿"触网"。他们虽然从比例上来说属于"少数派"，但绝对数量并不少，且是一个庞大的群体。他们遭遇的不便可能远超我们的想象，但"数字鸿沟"的客观存在让他们无从表达，或者即使愿意表达也很难被倾听。

一刀切的数字化，或者说过度化的数字化，无异于是"多数人对少数人的暴政"，其实质是"自我中心主义"或"群体中心主义"的一厢情愿，这不可避免地会制造出"数字难民"。这与"善治"中的

公平原则直接抵触，即不同性别、阶层、种族、文化程度、宗教和政治信仰的公民在政治权利和经济权利上的平等。

在"少数人"中，有些愿意接受新技术，但苦于不会使用。这种情况下，所谓的"数字鸿沟"本质上是"知识鸿沟"或"教育鸿沟"，可以通过政策层面的帮扶和家庭教育的"反哺"，逐渐填平这道鸿沟，让他们共享数字红利。同时，应将"数字无障碍"作为数字化时代的技术伦理准则，融入各种各样的智能科技产品中，降低进入数字化社会的技术门槛。

而对于缺乏条件的人，或者不愿改变习惯的人，应该提供"平行通道"。2020年底国务院办公厅印发了《关于切实解决老年人运用智能技术困难的实施方案》，要求坚持传统服务方式与智能化服务创新并行。也就是说，要坚持"两条腿走路"，在鼓励推广新技术新方式的同时，保留"少数人"熟悉的传统服务方式。在"立新"的同时不彻底"破旧"，在顺应大众需求的同时也充分尊重小众需求，给不同群体提供可以自由选择的不同选项，弥合数字鸿沟。

2. 提升数字技能，提高数字工作效率

联合国教科文组织（UNSECO）发布的报告（Broadband Commission for Sustainable Development，2017）指出："现在数字技术是高效参与日常生活和工作很多方面活动的基础。除了技术的获取之外，利用数字技术并得益于它日益强大的能力和功能所必需的技能与本领在今天比过去任何时候都更必不可少。"数字技能，已成为数字时代的关键要素。提升公众数字技能，提高数字工作效率，对社会经济发展至关重要。

（1）构建数字教育基础设施，提升基本数字素质

一是建设一批具有数字技能培养优势的教育基地。整合资源，突出重点，打造一批功能突出、资源共享的区域性数字技能公共实训基地，全面提升数字技能实训能力。二是开设线上、线下数字教育课堂，面向数字弱势人群开展基本数字素质教育服务。通过打造虚拟仿真教学实验平台等基础设施，开展线上线下相结合的实验教学。线上主要采用视频学习、角色扮演、情景体验、实践操作等体验式教学；线下

主要采用讲授、案例分析等教学方式，以具体数字应用场景为抓手，保障基本数字能力的培养需求。

案例：英国数字能力框架

英国联合信息系统委员会（Joint Information Systems Committee，简称 JISC）近年来资助一些数字素养项目并发布了几份报告，其所提出的数字素养综合框架也是最常被引用的框架之一。用于描述数字素养的语言在这些年也发生了变化，已经从原来的单数形式"literacy"（素养）变成涉及范围更广的复数"literacies"，最近更是变成复数的"digital capabilities"（数字能力），原来所提出的数字素养框架也得到进一步完善以适应越来越复杂的数字素养领域。但是，数字素养的定义并没有变化："数字素养指的是一个人适应数字社会的生活、学习和工作所必须掌握的那些能力"。基于这个定义，原来的框架《数字素养七成分模型》（Seven Elements Model of Digital Literacies）包括以下内容：（1）媒体素养，（2）交流和协作，（3）职业和身份管理，（4）信息通信技术素养，（5）学习技能，（6）数字学术，（7）信息素养。这个模型以夏普和比彻姆的研究成果为基础，现在已经演变成一个包含六个成分的《数字能力框架》（Digital Capability Framework）：（1）信息通信技术水平，（2）信息数据和媒体素养，（3）数字制作、解决问题和创新，（4）数字交流、协作和参与，（5）数字学习和发展，（6）数字身份和健康。这六种成分又细分为15种，涵盖实用技能、批判性使用、创造性制作、参与、发展和自我实现这些方面。

（2）创新开展职业技能培训，提升职业数字素质

一是加大数字技能职业培训。在开展各类职业培训时，增加有关数字技能的培训内容，面向新技能新职业，围绕市场急需紧缺和社会经济发展需要，积极开展先进制造业、智慧农业、智能建筑、智慧城市建设等新产业培训，积极开展人工智能、云计算、大数据、电商、直播等新职业新技能培训。二是探索数字化技能培训新模式。促进互

联网技术与职业技能培训深度融合，大力推行线上线下相结合的培训方式，发挥本地龙头企业和培训机构作用，推动实施"互联网＋职业技能培训"模式，发挥线上职业技能培训平台优势，加大数字技能线上培训资源供给，开发线上线下相结合的数字技能培训资源，加大对就业重点群体的数字技能培训，帮助中小微企业开展职工数字技能培训。三是围绕本地数字产业特色，编制基本职业培训方案，加大数字技能相关职业培训教材开发力度，规范数字技能相关职业培训过程管理。开展数字技能相关职业培训教学研究，组织开展师资培训。四是规范线上职业技能培训，健全和完善"互联网＋职业技能培训"平台及资源运营服务规范管理，实现学习过程可查询、可追溯、可监管。五是组织开发面向全体劳动者的数字技能通用素质培训教材，作为职业技能培训通用性教材。

（3）将提升数字技能作为加强技能人才队伍建设的重要抓手

一是积极开发数字技能类新职业。积极开发数字技能类职业的职业标准和评价规范。创新职业标准和评价规范的开发方式和手段，引导相关行业企业积极开发职业标准和评价规范，将数字技能内容融入职业技能标准和评价规范中。推进数字技能相关职业的技能等级认定工作，引入数字技术，创新评价方式。定期发布本地数字技能类职业就业、职业培训和岗位需求情况。二是发挥职业技能竞赛引领示范作用，开展侧重于数字技能的职业技能竞赛活动，带动全面数字技能提升。举办新职业技能大赛，设置项目优先考虑数字技能相关职业（工种）。

5.3 评价模型

本节从城市数字治理水平和领域治理优先级等方面构建两套评价模型，前者用于定量评估城市整体数字治理水平，后者用于评估治理需求和治理能力供应的匹配度，以此反映领域数字治理和项目建设的必要性与迫切程度。

5.3.1 指标构建原则

1. 整体性原则

城市数字治理评估指标体系不是各种测评点的机械罗列，也不能仅局限于某一维度，而应当是包含了城市数字治理全要素和各维度的有机整体，各个维度和各个层次之间应建立一种相互连锁关系，使其具备普遍性，以便进行横向对比和按同一标准进行统计评估，并制定决策进行及时修正。

2. 客观性原则

保证评估体系的客观公正，不人为地为达到指定的目标而构建评估体系，保证数据来源的可靠性、准确性和评估方法的科学性。

3. 可比性原则

鉴于我国各城市数字治理水平参差不齐，部分城市已经发展出先进而具有特色的数字治理技术和方法，部分城市的数字治理却仍停留在电子政务的起步阶段。指标的选择应该能够描述城市数字治理的共同特征，每个指标的含义、量化方法和依据、时间和适用范围均需明确，建立的指标既能够对一个城市的智慧城市建设成效进行纵向时间跨度上的发展比较，又可以对不同城市的建设水平进行横向比较，以便更好地了解和把握不同城市或者同一城市在不同发展阶段信息化的实际水平和变化趋势。

4. 典型性原则

所选取的指标应当反映城市数字治理中的关键环节、主要矛盾和工作重点，反映我国推进治理体系和治理能力现代化的目标，反映数字治理未来的发展方向，为各城市的数字治理提供指导和引领作用。

5. 可持续原则

由于数字技术和城市数字治理方式仍在不断发展，数字治理技术的应用领域仍在不断扩展，因此评估指标体系既要包括对城市数字治理的现状（即城市基础设施先进度和数字治理在各领域应用状况，人们的满意度）的评估，又要包括对城市推进智慧化发展过程的评估

（各城市出台的措施、鼓励性政策等）。评估指标既要有静态指标，也要有动态指标，不仅可以反映城市智慧化的现状，也可以反映城市智慧化的未来趋势。同时，指标应具有开放性和可调整性，应能够根据城市所处的不同发展阶段对评估指标进行适当调整。

5.3.2 城市数字治理水平评估指标体系

本文从三个维度选取相关指标构建城市数字治理水平评估指标体系，供读者参考（见表5-1）。

表5-1 城市数字治理水平评估指标体系

维度	一级指标	二级指标	三级指标
数字空间的治理	电信基础设施	电信基础设施	每平方公里光缆长度
			每千人拥有安全互联网服务器数量
			每千人域名数
			每千人拥有网站数
			无线网络覆盖率
			光纤介入覆盖率
		促进政策	政府电信基础设施建设支出占财政支出比重
			是否对电信基础设施建设有税收减免政策
	数据架构	数据模型	是否建立并维护组织级数据模型和系统应用级数据模型
			是否建立组织共同遵循数据模型设计的开发规范
			是否用组织级数据模型来指导应用系统的建设
		数据分布	是否对数据资产建立分类管理机制
			是否根据数据与业务流程间的关系优化数据的存储和集成关系
		数据集成和共享	数据集成共享环境是否具备复杂数据加工、挖掘分析和便捷访问功能
			是否通过数据集成和共享平台对数据进行集中管理、统一采集和集中共享
		元数据管理	是否对元数据进行分类，建立元模型标准，保障不同来源的元数据集成和互操作，元模型变更实现规范管理

维度	一级指标	二级指标	三级指标
数字空间的治理	数据架构	元数据管理	实现不同来源的元数据有效集成，形成组织的数据全景图，能从业务、技术、操作、管理等不同维度管理和使用数据
			是否建立元数据应用和元数据服务，提升相关方对数据的理解，辅助数据管理和数据应用
	数据安全	数据安全管理	网络安全管理机制建设情况、涉密信息系统与关键信息基础设施安全防护水平
	数据权利	数据归属确认	是否有相关制度确认数据权的归属
		数据边界规定	是否有相关制度保护个人隐私、政务数据与社会数据、经济数据之间的边界
	平台管理	互联网管理	是否有成型的互联网管理规则和管理机构，对互联网事务进行有效管理
应用数字技术在物质空间的治理	数字政府	治理能力	政府网站是否能实现内容提供、服务提供和民主参与的功能
			政府数据开放平台是否能够实现数据及时更新和维护
			是否开通政务 App、政务小程序、网上政务服务大厅等便民服务平台
			是否按照公众需求导向设计网站、App、小程序的政务入口
			是否借助数字技术为政府和公众互动开辟多元有效渠道，如是否开通政务微博、网络问政平台、建立网上投诉举报渠道，是否开通 12345 政务热线、政府门户网站，是否设有政策解读板块
			是否有协同应用系统，实现跨部门的信息调动和服务提供
		治理效果	政务 App、政务微博、政务微信公众号、政务抖音的实际数量、安装次数、关注人数、发布篇数
			网站留言版中政府官员回帖比，地方政府门户网站中民意征集、政策解读、在线访谈的数量
			公众对政务 App 的评分和服务满意度
	数字经济	产业数字化	地区产业"用云量"
			各 App 的付费服务体量

续表

维度	一级指标	二级指标	三级指标
应用数字技术在物质空间的治理	数字经济	产业数字化	电子商务交易额占 GDP 比重
			网络零售交易额在社会消费品零售总额中占比
			电子商务带动和直接就业人数占总就业人数比重
		数字产业化	智慧产业固定资产投资额
			智慧产业占 GDP 比重
			智慧产业从业人员数
	数字社会	人力资源	成人识字率
			教育投入占财政支出的比重
			大学生占人口比重
		发展方式	研发与实验发展经费占地区生产总值比重
			每百万人有效专利量
			文化创意产业增加值占 GDP 比重
		智慧公共服务	智慧服务建设资金投入额
			与上级医疗机构远程医疗会诊率和电子病历普及率
			学校多媒体教室普及率、学校无线网络覆盖率
			实现在线预约服务的文化设施比例、公共体育设施人均使用面积
			智慧社区/村覆盖率（智慧社区/村可单独设置评价指标体系，如社区服务信息推送率、可实现的政务服务事项办理率、家政服务在线预约率等）
			公共交通车辆来车实时预报率、公共交通车辆电子支付使用率、路口信号灯配时系统比例
			空气、水体、噪声环境实时监测覆盖率，重点污染源在线监测率，重点用能单位在线监测率
			市政管网管线智能化监测管理率、智能路灯设备安装率、网格化融合管理水平
治理制度和理念转变	公众接入	公众接入能力	政府是否为某些特殊人群（少数民族、低收入家庭等）提供上网服务
			政府是否提供信息通信技术培训
			每千人互联网用户数
			每千人移动电话用户数
			每千人宽带用户数

续表

维度	一级指标	二级指标	三级指标
	公众接入	公众接入意愿	QQ、微信等社交软件使用率
			网络购物使用率
			网上支付使用率
			网上银行使用率
			搜索引擎使用率
	民主参与	供给侧	政府是否提供民主参与的渠道
		需求侧	公众进行民主参与频次和比例
		参与结果	民主参与下的政策产出或改进
治理制度和理念转变	官员和公众数据素养能力	数据意识	对数据的观察力和辨识能力,能够从数据中准确获取有用信息的能力
			能够意识到在当前时代背景下数据所带来的价值和效益的能力
			遇到问题时能够想到使用数据来解决问题的能力
		数据知识	掌握数据定义、相关概念等一系列基础知识的能力
			掌握数据发现、检索和利用工具获取数据的能力
		数据伦理道德	数据利用的过程中能够时时刻刻遵循法律法规要求的能力
			利用数据的过程中能够始终保证数据安全,隐私不会泄露的能力
	数字治理制度	组织机构	是否有专门部门或管理小组负责数字治理相关事宜
			是否鼓励和帮助电子政务协会、大数据行业协会等相关社会组织发展并建立良好和合作关系
		制度体系	是否有数字治理总体性纲领和政策,以及数据管理、互联网监管、"互联网+"政务等方面的政策文件
			是否有关于新兴业态、共享经济、数字经济、智慧社会等领域的政策法规
			是否有针对本城市实际情况出台特色化数字治理发展的方案和发展规划

5.3.3 领域数字治理能力供需均衡性评价指标体系

随着数字政府建设进入均衡发展模式,城市治理信息系统项目建设的主要目标已经从解决"从无到有"的问题转变到解决"从有到优"和"供需平衡"的问题上来。基于数字治理能力供给和领域治理需求对比的供需均衡也成为影响各领域信息建设公平性和急迫性评价的重要内容。

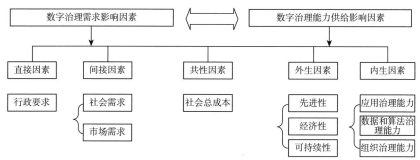

图 5-2　数字治理能力供需匹配主要影响因素

针对某个治理领域或具体的某个事项，数字治理能力供需匹配的主要影响因素可以从数字治理需求和数字治理能力供给两个角度进行分析。如图 2 所示，从数字治理需求影响因素来看，包括直接因素（行政要求）和间接因素（社会需求、市场需求）；从数字治理能力供给影响因素来看，包括外生因素（先进性、经济性、可持续性）和内生因素（应用治理能力、数据和算法治理能力、组织治理能力）。此外，数字治理能力供需匹配还受到共性因素（社会总成本）的影响。本指标体系基于这些影响治理能力供需平衡的因素，提出治理能力的相对均衡性指标 B 为：

$$B = \frac{D(\text{数字治理需求}) - S(\text{数字治理能力供给})}{D(\text{数字治理需求}) + S(\text{数字治理能力供给})}$$

其中，数字治理需求指标（D）（共 50 分）如表 5-2 所示。

表 5-2　数字治理需求指标（D）

需求指标	子指标	分值	指标说明	评价依据
行政要求	市级要求	10	市委、市政府是否根据全市工作需求明确提出数字治理和信息化建设要求	市委、市政府印发的文件和主要领导批示
	法治要求	10	法律法规对该领域数字治理和信息化建设是否有明确要求	法律、法规文件

续表

需求指标	子指标	分值	指标说明	评价依据
行政要求	制度要求	5	上级单位对本领域数字治理和信息化建设的考核是否列为全市综合考核内容	上级部门明确的考核文件
	职责要求	5	根据领域工作职责，确实需要信息技术进一步发挥明显作用	同类型地区的实践经验
社会需求	公众诉求	10	人民群众对该领域的痛点、难点问题反映强烈程度	12345热线、互联网民情、上级单位交办的咨询、投诉、建议，信访问题等
	公众参与	2	公众参与该领域治理和信息公开的需求程度	
市场需求	产业发展	3	发展本领域数字治理对相关数字产业的促进作用	适用优惠政策、拉动投资总额、创造就业数量、先进技术应用示范效果等
综合成本	非数字化治理成本	5	政府以非数字化方式治理相同事项的投入成本	估算的行政成本，如工时等

数字治理能力供给指标（S）（共 50 分）如表 5-3 所示。

表 5-3 数字治理能力供给指标（S）

需求指标	子指标	分值	指标说明	评价依据
应用治理能力	应用系统	10	已有足够支撑业务开展的应用系统	业务系统/功能覆盖率
	基础设施	5	信息化基础设施满足需求	领域内共性能力覆盖率
	整体规划	5	系统规划合理，重复建设较少，对数据资源和能力有整合共享的能力	应用系统整合情况，数据资源整合治理情况，可对外提供的数据共享情况
数据和算法治理能力	数据安全性	8	能够满足数据安全要求	数据安全评估
	数据可用性	5	有足够的数据归集、质量管理等能力	
	算法治理	2	能够对大数据、人工智能等先进算法应用和数据使用进行监管	
组织治理能力	组织再造	2	组织结构符合整体政府要求	专家评估
	流程优化	2	业务流程整合，满足要求	业务流程质量评价

续表

需求指标	子指标	分值	指标说明	评价依据
先进性	对标找差	2	对标全国先进城市的数字治理方法和系统建设情况	先进地区的实践经验
经济性	降本增效	2	通过集约化建设和流程优化等降低行政和建设成本，提升工作水平	
可持续性	能力外溢	1	能向其他领域共享数字治理资源和能力	信息化基础设施能力提升情况
	治理结构优化	1	能够有效调动市场和社会参与治理的活力，帮助形成有机更新、持续优化的治理生态	
综合成本	数字化投入成本	5	建设、运营相关数字化项目所需的政府成本	

相对均衡性指标反映现有数字治理能力对某治理领域或事项需求的匹配性，数值接近-1，说明供给过剩，需考虑减量发展。数值接近1，说明供给不足，需考虑增设数字化项目。数值接近0，说明供需相对匹配。通过该指标可定量评估各领域开展数字治理和项目建设的迫切性和必要性，为各领域明确数字治理建设方向、主管部门审批立项提供定量依据。

第六章

数字治理的国际经验

——数字时代公共治理新进展

国际上，欧美发达国家在经济社会发展、政府改革创新、数字技术运用等方面总体水平相当，且数字治理发展较早，具有重要的对标参考和研究价值。本章从数字治理的三个代表性应用方向，即政府数字化转型①②、智慧城市建设③和数字经济发展④视角，梳理分析全球数字治理的总体态势。

6.1 数字政府视角

当前，推进政府数字化转型成为发达国家实现政府治理现代化、提升经济发展水平、增强公民参与度与社会创新力的共同战略选择。从国际上来看，面对技术创新与政府改革浪潮，许多国家相继出台并实施了以 ICT（或数据）驱动政府转型与创新的综合战略，如英国

---

① 章燕华、王力平：《国外政府数字化转型战略研究及启示》，《电子政务》2020 年第 11 期，第 14~22 页。
② 张成福、谢侃侃：《数字化时代的政府转型与数字政府》，《行政论坛》2020 年第 27 (6) 期，第 34~41 页。
③ 沈山、曹远琳、孙一飞：《国际智慧城市发展实践与研究前瞻》，《现代城市研究》2015 年第 1 期，第 42~48 页。
④ 刘传：《中国数字经济发展现状及问题研究》，《科技与经济》2020 年第 33 (5) 期，第 81~85 页。

《政府转型战略（2017－2020）》（2017），美国《数字政府战略》
（2012）、《联邦数据战略 2020 年行动计划》（2019），澳大利亚《数字
化转型战略 2018－2025》（2018），加拿大《数字加拿大 150（2.0
版）》（2015）、《服务与数字政策》（2020）和《服务与数字指令》
（2020）等，以应对过去数字政府建设中面临的基础设施、业务流程、
领导战略、人才征召等方面的新挑战。

6.1.1　国际政府数字化转型愿景和目标

就政府数字化转型的愿景而言，英国提出"利用数字服务改变政
府和公民的关系，打造世界上最具数字技能的公务员队伍"。美国提
出"建设一个 21 世纪的数字政府，利用数字技术改变人民的生活"。
澳大利亚提出"为了让所有澳大利亚人受益，到 2025 年建成世界领先
的三大数字政府之一，能随时随地提供简单、个性化和可用的服务，
以及满足公众共享所需的数据需求"。加拿大提出"通过数字化转型
提供一个通用的开放平台，使加拿大人能够更好、更轻松地在他们选
择的设备和平台上获取政府信息和资源"。

政府数字化转型的具体目标主要有五个方面。第一，公民可以随
时随地在任何设备上获取高质量、无缝、个性化的政府数字信息和服
务。美国将构建稳健的政府数字服务管理体系，使更多的美国人通过
移动设备访问政府服务。加拿大将提供一个开源、即插即用、可从任
何地方连接的开放平台，连接第三方服务提供商，实现公民通过智能
手机、可穿戴设备、智能汽车、家用电器等连接到政府平台，访问政
府或非政府的数字服务。第二，改变传统政府的组织结构和业务模式，
为数字服务建立完善的治理结构。澳大利亚摒弃效率低、成本高和碎
片化的操作方式，通过使用新兴技术，挑战公共服务的思维方式和流
程，使政府适应数字时代的挑战。加拿大将集中精力通过改变政府部
门的激励机制、流程和文化，使新的工作方式制度化，改善政府在数
字时代提供服务的方式。第三，提升公务员数字能力，培育基于整体
政府的数字文化。英国在政府数字服务机构（Government Digital

Service，GDS）下设立数字学院，提供跨政府部门的技能培训，计划到 2020 年底为公务员创造更加适应数字化要求的工作环境。加拿大将通过内部创新和培训数字技能以更好地利用政府存量人才，同时吸引全国各地的数字化人才。第四，释放政府数据的潜力，实现政府决策数字化。英国提出要利用数据提高政府透明度，打通政府和私营部门数据共享壁垒。澳大利亚希望通过使用数据让政府在国防、公共安全、医疗保健和其他领域中受益，做出更明智、科学与创新性的决策。第五，实现以用户为中心的数字服务创新，更好地满足公民的需求和期望。如加拿大将改变在政府内部设计服务的传统，采用以用户为中心的方法设计和交付数字服务。澳大利亚提出覆盖公民从出生到死亡各阶段"一件事"（life event）办理的无缝集成服务，同时向特定人群提供量身定制的个性化服务。

6.1.2 国际政府数字化转型的发展历程

1. 政府数字化建设的阶段划分

数字政府建设是一个阶段性的过程。欧盟委员会在其报告《数字政府标杆：数字政府转型之研究》（European Commission，2018）中，提出了数字政府转型的基本框架（digital government transformation framework），从六个方面的指标来衡量政府的转型。主要包括政府服务模式（service model）、数字化系统（digital system）、生态系统和使用者（ecosystem and users）、领导力（leadership）、技术焦点（technology focus）、主要衡量标准（key metric），即目标实现程度。政府数字化转型分为五个阶段。

电子化政府（E-government）。在此阶段，关注的焦点是为了使用者方便和节约成本，在网上提供服务。推动力来自提高政府的效率，政府的服务模式是被动式的，应使用者的请求提供服务，接触服务的渠道主要是通过网络和政府的 App，仍然依赖于物理上的办公地点和服务机构，数字系统是以 IT 为中心的。整体的生态系统是以政府为中心（government-centric），技术的焦点是服务导向的结构（service oriented architecture），最重要的是建立面向服务的架构（AOA），促进不同功能之间的整合和连接。从领导机构来看，主要是由政府的 IT 部门主导，由技术团队负责执行。衡量绩效的主要指标是网上服务的比例，即通过移动设施提供服务的比例、整合服务的比例以及电子化渠道的应用等。

开放政府（open government）。在开放政府阶段，主要的推动力和目标是政府的公开和透明。政府服务的模式是积极主动式的。数字系统是以公民为中心的（citizen-concentric），顾客门户网站更加成熟，开放数据的利用主要局限于外部的消费，因为政府还没有发展成熟到从这种数据中获取好处。生态系统整体呈现共同创造服务（service co-creation）的取向，并面向能够从开放数据获益的外部社会，数据的使用者和提供者能明显确认。技术的焦点是 API 驱动的结构，主要关注于开发和管理 API（应用程序编程接口），以支持接近大数据。领导力来自数据的驱动，开放政府项目往往是由首席数据官负责。衡量绩效的主要指标是开放数据集的数目以及建立在开放数据上的 App 的数量。

数据中心的政府（data-centric-government）。在这个阶段，数据中心的政府的推动力和目标在于公民的价值，即向公民提供建立在数据基础上的公共服务。政府的服务模式是中介服务，服务可通过汇集者和中介，诸如数据看板和第三方 App 实现；数字系统是以数据为中心的，数据再利用是趋势，并聚焦于数据分析。整体生态系统处在"觉知"层次，政府组织开始理解政府运作的生态系统的复杂性以及目标的复杂性和角色的多样性。技术的焦点在于共享更多的数据，政府也运用数据的力量改善决策。领导的力量来自事业，组织的领导认识到创新性运用数据的价值。衡量绩效的主要标准是建立在共享数据上的新的或者创新性服务的数量以及外部利害关系人利用开放数据的数量。

数字化转型的政府（fully transformed government）。在这个阶段，公共部门组织已经完全认同并致力于以数据为中心的途径改善政府的运作和服务，并依据开放数据的原则创新政府。跨部门和组织的数据流动成为常态，并导致不同利害关系人之间的互动和向社会提供更好的服务。推动政府完全转型的力量来自远见驱动的转型，公共部门和 IT 领导者均追求服务大规模的系统转型。政府的服务模式是嵌入式的，服务是通过各种各样的渠道来提供，包括非政府部门。政府服务将嵌入个人的服务中，这些服务可能是通过商业服务提供者提供。数字系统是以物为中心的（thing-centric），数字系统聚焦于万物互联。整体生态系统是参与式的，着眼于能够从标准化的、开放的公共数据中获益的外部社群。领导力的来源是信息驱动的，数据和信息的价值得到广泛的认可，首席信息官（CIO）在领导创新中发挥着重要作用。衡量绩效的主要标准包括消失服务的比例和新服务及其上升的比例。

聪慧的政府（smart government）。在这个阶段，运用开放数据实现数字创新的过程已经深度融入整个政府中，创新的过程是可预测的、可重复的。聪慧的政府的推动力来自自我定义的数字服务或可持续的数字服务，政府服务的模式是前瞻性的，具有可预测性，服务以及互动可以通过各种接触点进行，互动的步调因为政府预测需求的能力和预防突发事件能力的增强而大大加快。数字系统是以生态系统为中心的（ecosystem-centric），政府服务及其运作不断进行动态的调整以适应内外部环境的改变，API 管理软件能够处理巨量的不同类型的 APIs。整体生态系统是不断进化的，组织开始认识到其运作其中的生态系统的复杂性以及目标的复杂性和各种参与系统者的角色。技术聚焦于智能，人工智能和发达的机器学习成为处理海量大数据之必需。领导力来自持续不断的创新。衡量绩效的主要标准在于通过数据的开发利用服务被替代（或提供）的数量。

2. 发达国家政府数字化转型的阶段

发达国家数字政府建设已经从单纯的技术运用（从手工到电子的效率提升）和基于部门的数字服务提供（从线下到线上的服务优化）发展到基于整体政府的数字化履职改革阶段（走向全数字化环境下部

门协同的政府数字化转型）。数字政府建设的重心正从"数字化"向"变革政府"转变，即进入对政府固有的理念文化、组织架构、业务流程、制度标准、人员能力等深层次要素进行深度改革的阶段。这个阶段与过去政府对技术的适应性应用不同（技术运用的增量改革），技术反过来倒逼政府刀刃向内的改革以顺应技术快速迭代更新、持续改进政府绩效与提升公众满意度的需求（技术运用的存量改革）。相比于前几个阶段的数字化转型，现阶段要求打破既有政府科层制惯性，逐步形成"利用技术赋能、以用户为中心、数据驱动整体治理/服务"的路径，因而推进和实现的难度将会明显增加。

在这一阶段，各国普遍面临三个层面九个方面的主要挑战，未来政府数字化转型的实践探索将着重围绕解决这些"痛点"而展开。一是在认知与战略层面，政府内部对数字化转型的认识仍存在较大分歧和误区，缺乏基于整体政府的统一数字化战略。二是在服务与数据层面，政府部门间数据壁垒依然突出，缺乏整体、一致的数据治理机制、平台和操作，跨部门跨终端数字服务依然不足，数字技术潜力以及数字政府效益未得到充分体现。三是在能力与保障层面，政府内的数字文化尚未形成，数字基础设施陈旧和不足，数字人才匮乏和公务员数字能力不足，隐私保护和信息安全面临巨大风险等。

面对上述问题，各国初步确立了政府数字化转型的基本框架，其核心内容主要包括三个方面。第一，确立了以"优化政府数字服务以造福国民和改善政民关系"为愿景目标，以"实现以用户为中心的数字服务创新"为主要任务，以"重组政府业务与机构""加强数据治理""培育数字能力与数字文化"为基本保障的政府数字化转型实施路径。第二，明确了数字基础设施与平台、关键项目、数据治理、政策标准、隐私与安全、治理结构、数字能力与数字文化等政府数字化转型的基本要素。第三，基于上述实施路径及基本要素，提出了推进政府数字化转型的关键行动，包括：（1）打造基于整体政府的统一数字平台，以实现跨部门跨终端数字服务；（2）加强数据整体治理，推进政府数据内部共享和对外开放，为跨政府甚至连通外部的数字服务奠定基础；（3）建立数字服务标准和关键绩效指标以评估和不断优化服务；（4）高度重视隐私保护和信息安全，制定政府隐私准则并全面嵌入数字服务与数据管理全过程，从技术方面予以保障；（5）通过各种机制吸引数字人才参与政府数字化转型，全面提升领导和公务员的数字能力；（6）建立有别于传统负责政府 ICT 和数字政府建设的聚焦数字服务创新的专门机构，负责推进政府数字化转型。未来政府数字化转型将以"一体化协同/整体政府"、"数据驱动/数智"和"能力建设"为着力点和方向。

6.1.3　国际政府数字化转型的主要举措

一般来说，数字化转型工作主要集中于服务、流程、决策和数据共享四项能力，而关键影响因素包括机构战略、治理和组织、领导力、人才和文化以及技术等方面。围绕上述能力和影响因素，各国推进政府数字化转型的主要任务与举措归纳有以下六个方面。

1. 打造基于整体政府的统一数字平台，提供跨部门服务

建立跨政府平台和实现跨政府服务是政府数字化转型的发展方向，未来政府需要从各部门独立平台向共享平台转变。英国将 GOV. UK 网站作为政府各部门信息和服务的统一入口，为个人、企业和政府部门提供便捷、高效的跨部门服务，甚至包括第三方、地方政府和外包服务，包括统一的数字平台设计系统（GOV. UK Design System）、数字平台通知系统（GOV. UK Notify）、数字平台支付系统（GOV. UK Pay）、数字平台网站托管（GOV. UK PaaS）等，构建共享组件和平台，扩展功能范围并集成更多服务。美国采取一系列措施以实现建设共享平台的目标，包括建立整个政府范围的移动设备管理平台，以实现监控、管理、安全性和设备同步的要求，开发模型以便安全、快速地将商业移动应用程序应用到政府环境中，启动共享移动应用程序开发计划，提供开发测试环境，以简化应用程序交付，促进代码共享。澳大利亚建设集成政府数字服务和应用程序的综合数字服务云平台（cloud. gov. au），使政府更易于发布、监控和发展面向用户的数字服务，目前该平台上运

行了包括数字市场（digital marketplace）、绩效仪表盘（performance dashboard）和政府门户网站媒体发布服务等。此外，澳大利亚将建设面向整个联邦政府的统一数字文件平台（Australian Government Digital Records Platform），以便政府和公众能够轻松查找、管理和共享不同部门的文件与信息。

2. 推进政府数据共享和开放，挖掘和释放数据潜在价值

政府掌握的海量数据被视为重要资产，通过数据共享可实现跨部门服务，而数据开放则有利于数据创新和数据价值释放。英国《数字经济法案》中的数据共享条款消除了社会组织利用政府数据的障碍。建立国家级数据基础设施登记注册制度，确保数据基础设施运行安全可靠。改变政府数据存储和管理方式，尽可能地开放政府数据，并通过使用 API 数据接口在政府内部和外部打通数据共享渠道。建立数据咨询委员会并任命政府首席数据官，负责管理和协调政府数据的使用。自 2008 年以来，英国税务局通过使用数字工具链接来自 30 个来源、超过 10 亿个数据项，额外增加了 30 亿英镑的税收收入。美国将开放政府数据作为数字战略的重要组成部分，发布《开放数据政策》和建立开放数据网站（data. gov），增加社会对有价值政府数据的访问。通过提供专家资源和其他支持以开发 API 并发掘有价值的数据，使开发人员、企业家和其他用户能够方便利用政府数据。加拿大重新修订了《信息获取法》，以便个人和第三方机构能够轻松地访问政府数据。成立总体架构审查委员会，审核新项目是否默认接受数据共享及其他相关问题。澳大利亚政府认为数据是一种战略性国家资源，对于促进经济增长、改善服务提供和改善政策成果具有重要价值。为更好地利用数据及实现数据收益最大化，澳大利亚设立国家数据专员（National Data Commissioner）负责公共部门数据的立法；建立澳大利亚数据集成合作伙伴关系（the data integration partnership for Australia），关联跨政府机构的公共部门数据以提供更广范围、更深层次的数据利用；成立澳大利亚数据和数字化理事会（The Australian Data and Digital Council）协调并推动全国范围内数据和数字服务领域的跨联邦、州政

府合作。

3. 建立数字服务标准和关键绩效指标，不断提升数字服务质量

制定数字服务标准作为衡量服务合理性和质量的重要指标，为数字服务的绩效评估和改进提供依据。英国 GDS 发布了包含 18 项衡量指标的数字服务标准，标准强调关注用户需求、使用敏捷方法、开源和开放标准、性能测量和测试等四方面内容。同时，确定数字服务的关键绩效指标（KPI），包括每笔业务成本、用户满意度、完成率、数字服务接受率等四项，用于定期评估英国政府所有在线服务。澳大利亚政府数字化转型局（Digital Transformation Agency，DTA）制定包含了解用户需求、使用开放标准和通用平台、使用响应式方法和通用设计模式、构建多学科团队等 13 项衡量数字服务的原则标准，采用与英国相同的 KPI 用于评估数字服务。加拿大制定包括道德准则、敏捷开发、安全与隐私保障、开放标准等 10 项内容的服务标准，构成了政府向敏捷、开放和以用户为中心转变的基础。美国数字服务机构（United States Digital Service，USDS）制定了专门的数字服务手册以增加政府数字项目的成功率；为了实现数据驱动的决策，在所有的政府网站上使用统一的用户满意度测评工具。

4. 全面嵌入隐私保护需求，强化网络安全

开放架构和新技术应用导致设备和数据易受攻击，同时伴随着数据共享和开放需求的不断增强，各国政府在以新法规为基础更好地实现数据利用的同时，采取强有力的技术措施保护隐私和提高网络安全性。特别是为了规范数据使用，制定了一系列的隐私保护准则，全面嵌入政府数字服务于数据治理之中。

美国的主要措施包括：一是国土安全部、国防部、国家标准与技术研究院合作，制定政府移动和无线安全基线标准，支持移动和无线安全评估、授权和持续监控。二是联邦政府定期审查现有标准和指南，以确保能够适应快速变化的新技术环境。联邦 CIO 委员会的隐私委员会、国家标准与技术研究院、国家档案与文件管理署合作制定《数字

隐私控制标准化实施指南》，为公务员提供关于最新技术和解决方案选择、数字隐私（如数据收集和个人通知）、文件保留和安全等方面的指导。三是确保有具体的保护措施以防止不正当地收集、保留、使用或披露敏感数据。

澳大利亚数字化转型战略指出，当前隐私和安全在政府开展的所有工作中处于中心地位，因此增强数据利用中的信任与透明度至关重要，采取的主要措施包括：一是计划将网络安全、隐私保护需求嵌入所有级别的系统体系架构、软件和应用程序、公共访问终端之中。二是制定公共服务隐私治理准则，列出政府部门遵守隐私原则必须采取的具体要求和实际步骤，要求对"高度隐私风险"项目进行隐私影响评估，并将结果作为能否实施该项目的依据。三是为确保用户身份和隐私得到保护，政府提供一个由可信数字身份框架管理的联合模型，引入身份提供商，保证服务提供者无法识别任何用户信息，身份提供商无法掌握用户访问服务内容，从而实现信息交换的双盲。

5. 推出数字技能提升计划，培养政府数字化转型人才

为适应政府数字化转型中组织、业务、文化与技能的变革，各国政府推出了一系列数字技能提升计划。

英国的主要措施包括：一是在政府中培养数字、数据和技术（DDaT）专业人才，通过数字学院为专业人士提供学习与发展机会，通过数据科学校园和数据科学加速器培训计划提高政府数据能力。二是加强与其他非政府组织、企业的交流合作，确保数字技术融入各个行业，让数字专家了解政府，同时确保政府领导拥有相关的培训经验，能有效地管理数字项目和组织。

澳大利亚的主要措施包括：一是DTA与澳大利亚公共服务委员会共同推出"构建数字能力项目"（Building Digital Capability Program），包括吸引数字人才加入公共部门、建立明确的职业发展道路、帮助管理者创建数字团队、激励领导者采用有远见的方法来创建数字服务等。二是组织数字实践社区和研讨会，将政府工作人员聚集起来分享想法、

交流工作、解决问题并探索最佳实践，内容涉及服务设计、用户研究、项目管理和内容设计等。三是推出 ICT 入门项目，针对不同群体提供不同层次的培训。

6. 聚焦数字服务创新，建立负责政府数字化转型的专门机构

为保障数字化转型战略的推进，许多国家成立了聚焦于数字服务创新的实验室、转型小组、孵化器等新机构，其中"转型小组"和"数字服务机构"较普遍，通常是由来自企业界的一流科技人才组成的团队，目标是为政府设计全新的（数字）公共服务方案。

2011 年，英国政府在内阁办公室下设立政府数字服务机构（GDS），负责推动政府数字化转型。近年来，GDS 在英国政府的管理 IT 支出、改革 IT 采购系统、建立数字服务评估标准等方面发挥着核心作用。

美国数字服务机构（USDS）和技术转型服务团队（18F）是美国近年来推进政府数字化转型的重要力量。前者是美国白宫在 2014 年组建的新部门，负责向联邦机构提供咨询服务及技术，改进和简化政府数字基础设施，它在美国医疗保健、移民、退伍军人服务、学生贷款和小企业发展等领域提供重要服务；后者隶属于美国总务管理局（GSA），职责是帮助改变联邦政府 IT 工作并优化面向公众的数字服务，两大机构在政府数字化转型方面有深入的合作关系。

2015 年，澳大利亚成立数字化转型办公室（Digital Transformation Office），2016 年升格为数字化转型局（DTA），主要职责是帮助政府实现数字化转型，工作内容包括以数字方式提供政府服务、开发和协调数字服务、关注用户在数字服务方面的需求、对政府 IT 议程进行统一的指导和监督等。

借鉴美国和英国的经验，加拿大成立了加拿大数字服务机构（Canada Digital Service），职责是改善面向公众的服务，特别是推进具有重大影响的服务，工作内容包括根据实践经验和全球最佳实践为联邦政府提供数字服务的解决方案，使用敏捷开发方法和成熟技术为政府数字服务设计与制作原型，帮助公务员在用户研究、设计和数据科学等领域提高技能等。

6.2　智慧城市视角

智慧城市是数字治理理论在城市治理领域应用的主要形态，覆盖公共服务（智慧政务、智慧医疗、智慧文化教育）、社会管理（智慧社区、智慧公共安全、智慧食品药品安全）、产业发展（智慧产业、智慧物流、电子商务、智慧旅游）、资源环境（智慧环保、智慧节能）和市政设施（智慧交通、智慧城管）等领域，是通过信息技术和信息系统变革重塑公共部门的管理流程，提升公共部门管理水平、公众自治能力和整体响应能力，进而提升社会治理能力的重要应用。

6.2.1　国际智慧城市研究方向

20 世纪 80 年代以来，国际上先后有数字城市、知识城市、智能城市、智慧城市等系列概念，每一个概念的产生都代表了信息时代新变化的需求更迭和实践领域的新探索。数字城市是指将城市的生产生活过程的各类信息汇总，运用相应的数字、信息及网络等科学技术，将城市内的人口、资源、社会、经济及环境等要素数字化、网络化、智能化以及可视化的过程。数字城市建设的初衷是提升城市信息技术基础硬件，通过大规模的智慧式的开发使用，提升城市信息技术基础硬件水平，进而改变城市工作方式、生活方式和贸易方式，这已成为智慧城市建设的必备基础。智能城市强调城市组织功能的智能化，智能化的信息系统可以代替人自动处理事务，如智能电网、智能交通等都是自动化系统运行。智能城市更加关注城市智能技术转让，智能产品开发、智能技术创新，是创新产业的温床，类似于知识城市[①]。智慧城市概念源于数字城市和智能城市，并在发展实践中强化。其对城市信息按照业务需求进行全面、准确、实时、分类感知和掌握；对城

---

① Komninos N, Sefertzi E. Intelligent cities：R&D off shoring, Web 2.0 product development and globalization of innovation systems［A］. Paper presented at the Second Knowledge Cities Summit 2009.

市信息的应用处理，进行分析、过滤、挖掘、对比、整合等工作，能对城市发展和运行过程中面临的问题和形势做出正确判断，并重视智慧的高水平使用，以达到服务城市政府、企业和居民的目的①。"智能城市"与"智慧城市"最突出的差别在于，"智慧城市"强调人的因素、体现人文关怀，只有人才能谈得上智慧，而物只能谈智能水平②。智慧城市是城市发展和演进的更高阶段③，在数字城市、智能城市的基础上，强调通过动态感知来实现对城市各个构成要素的动态管理。以人为本和实现可持续发展是其内在的核心价值，包括健康可持续发展的经济、更为舒适方便的生活和管理上的科技智能信息化。

表 6-1 国际智慧城市建设应用与研究方向

研究方向	关注重点
技术应用	ICT 基础设施建设、物联网、互联网等通信网络、信息技术与城市经营服务理念
产业组织	创意产业和高科技产业、产业转型升级、产业规划
资源配置	资源的有效配置、职能部门提高效率、提升和谐与幸福的指数
城市规划	城市空间结构、城市规划体系、可持续的生态环境、快速响应的基础设施
持续发展	城市的人文和教育环境建设、泛在绿色惠民、人文主义、技术主义
人本主义	重视公民参与度、以用户为中心、资源共享、加强社会学习、参与式的管理

6.2.2 国际智慧城市发展历程

国际智慧城市的发展实践肇始于在 20 世纪与 21 世纪之交美国纽约市提出的旨在促进信息基础设施建设、提升政府公共服务水平的"智能化城市"计划。2009 年 1 月，奥巴马与 IBM 首席执行官彭明盛（Sam Palmisano）会谈时首次提出"智慧地球"（Smart Planet）这一概念，建议政府投资新一代的智慧型信息基础设施。9 月，爱荷华州

---

① Su K, Li J, Fu H. Smart city and the applications [A] // Electronics, Communications and Control (ICECC), 2011 International Conference on IEEE [Z]. 2011: 1028-1031.

② Deakin M, Al Waer H. From intelligent to smart cities [J]. Intelligent BuildingsInternational, 2011, 3 (3): 140-152.

③ Hall P. Cities of tomorrow [M]. Blackwell Publishers, 1988.

迪比克市和 IBM 共同宣布，建设美国第一个智慧城市，将城市的所有资源（包括水、电、油、气、交通、公共服务等）数字化并连接起来，监测、分析和整合各种数据，进而智能化地响应市民的需求并降低城市的能耗和成本，使迪比克市更适合居住和商业发展①。由于不同区域城市的信息化基础、产业结构、发展阶段、城市化进程中面临的挑战等不同，城市智慧化的建设重点、发展路径、实践领域也有所不同。然而，智慧城市的发展实践在许多国家发展战略与规划中扮演了越来越重要的角色。

表 6-2　国际智慧城市发展阶段与技术应用

发展阶段	关键技术	应用发展与实践领域	对应数字治理阶段
萌芽期（1990~2000）	3S、IPv4、IPv6 互联网、综合业务数据网（ISDN）、高速数字线路、光纤局域网	美国：电子政府、电子商务；韩国："Cyber-Korea 21"推动互联网建设；新加坡：以网络为基础的"智慧岛"建设	理论形成顶层设计
奠基期（2001~2007）Smart1.0	传感器网络、移动通信技术第二代（2G）、移动互联网、三网融合、WI-FI	韩国："u-Korea"泛在社会、"e-Korea2006"建立领先知识型社会；日本："J-Japan"泛在网；新加坡："智慧国 2015"无线战略	基础设施
发展期（2008~2012）Smart2.0	云计算、移动通信技术第三代（3G）、移动设备应用、社会化网络、社交网络	美国：智能电网；韩国："绿色 IT 国家战略"；日本："I-Japan"医疗、健康和教育电子化；京都：能源信息化；欧盟："SET-plan战略"能源规划；阿姆斯特丹：电动汽车充电站项目	产业转型智慧应用
成熟期（2013~2016）Smart3.0	FabLab、LivingLab、大数据、移动通信技术第四代（4G）、人机互动、智能终端	巴塞罗那：Diagonal Mar、Fab Lab 虚拟社区；奥卢：OUL Labs（奥卢城市生活实验室）；塞萨洛尼基：Living Labs 智能区中国：智慧城管	社会转型智慧应用

① Hamm S. Dubuque, Iowa: The First American Smart city ［EB/OL］. Business Week, http://www.Businessweek.com/innovate/ content/sep2009/id20090918_187656.htm, 2009.

发展阶段	关键技术	应用发展与实践领域	对应数字治理阶段
深化期（2016至今）Smart4.0	人工智能、大数据、物联网、第五代（5G）、云计算、区块链	中国：城市大脑；中国台北：智慧台北；俄亥俄州哥伦布市：Smart Columbus Program；哥本哈根：Copenhagen Solutions Lab	政府转型智慧应用

6.2.3　国际智慧城市建设路径

智慧城市建设涉及多种建设内容，是一个复杂的系统工程，需要依靠多方力量完成，而且其项目属性、涉密性、专业性、投入以及市场发展前景各有不同。国际智慧城市发展实践中还有一个十分突出的特征就是强调公私合作、政企联盟。具体建设路径可根据驱动力和目标愿景分为创新驱动型、产业驱动型、管理服务驱动型、可持续发展型和多目标发展型五类（见表6-3）。

表6-3　国际智慧城市建设路径

动力或目标	典型城市	经营模式	规模	基础	核心目标
创新驱动型	阿联酋马斯达尔市	政府自建经营	较小	新兴信息、网络技术的应用	创新技术促进城市的发展、整体提升
产业驱动型	新加坡	企业经营	一般	高新信息技术产业	形成智慧产业链或产业集群
管理服务驱动型	韩国首尔	服务外包	较大	利用技术手段优化提升公共管理服务能力	城市公共管理功能更精准、高效、智能和便民
可持续发展型	荷兰阿姆斯特丹；澳大利亚布里斯班市	特许经营	较大	环境资源的智慧管理及高效利用	可持续发展的环境资源体系；"绿心智慧城市计划"
多目标发展型	日本北九州	政府自建经营；服务外包；特许经营	大	利用最新节能技术和信息技术	对家庭、再生经济、安全社会环境实施智能化能源和资源管理

6.3　数字经济视角

6.3.1　数字经济与大数据

数字经济的基础是大数据的发展，2001 年 Gartner 第一次在其研究报告中对"大数据"给出了明确的定义，他认为大数据是需要新处理模式才能具有更强的决策力、洞察发现力和流程优化能力的海量、高增长率和多样化的信息资产。2011 年 5 月麦肯锡全球研究院在题为《大数据：下一个创新、竞争和生产力的前沿》报告中将"大数据"定义为一种规模大到在获取、存储、管理、分析方面大大超出传统数据库软件工具能力范围的数据集合，具有海量的数据规模、快速的数据流转、多样的数据类型和价值密度低四大特征。2012 年奥巴马政府首次颁布《大数据的研究和发展计划》，启动涉及 12 个联邦政府部门、82 项相关研究、耗资 2 亿美元的发展计划。2012 年 4 月 SPLUNK 公司经过十年的发展成为第一家依靠大数据处理业务而成功上市的公司。2012 年英国建立世界上首个政府数据信息开放研究所。2013 年澳大利亚、法国等国家先后将大数据发展确定为国家战略。2016 年 G20 杭州峰会上发布《二十国集团数字经济发展与合作倡议》，将数字经济定义为以使用数字化的知识和信息作为关键生产要素、以现代信息网络作为重要载体、以信息通信技术的有效使用作为效率提升和经济结构优化的重要推动力的一系列经济活动。

6.3.2　国际数字经济战略目标

美国是大数据概念的发起国，并且是世界唯一称霸经济、技术、创新领域的超级大国，一直引领着大数据发展。从美国 2012 年和 2016 年两次发布的战略规划目标中的变化能够看出，美国在大数据领域的发展重点已经从技术领域转移至经济领域，提出要在全球范围内成为大数据技术和产业的领导者，让大数据成为美国经济新的增长点，以政府的投资促进相关产业的发展，吸引更多的企业和个人参与其中，提高社会就业率等相关经济指数。

英国政府旨在通过"英国2015-2018年数字经济战略"促进英国各个企业运用数字技术进行创新，主要解决"如何运用信息通信技术来帮助企业进行创新，以更好地服务于现有以及未来客户"以及"如何发展和如何在新的、数字化的方式上构建信心"等问题。

德国《数字议程（2014-2017）》提出的目标是，一方面，旨在短期内通过挖掘数字化创新潜力促进经济增长和就业，为"工业4.0"体系建设提供长久动力；另一方面，旨在打造数字化的未来社会，以期在未来数字化竞争中确保德国持久的竞争力，直至成为未来欧洲乃至全球的数字强国。

6.3.3　国际数字经济主要举措

美国2016年发布《联邦大数据研究和发展战略计划》，主要目的是概括重要的大数据研发战略需求，以保持国家在数据科学和创新方面的竞争力，为将来数据密集型挑战做准备。作为一个战略计划，这份文件将指导联邦机构和政策制定者如何将有限的资源引导成为能够产生最大影响和最有潜力的活动。包括七大行动，分别为：（1）利用新兴的大数据基础设施和技术提升下一代大数据处理能力；（2）在探索和理解数据可信度、关联知识、决策支持、突破性发现、数据佐证行为等方面加强研发投入；（3）加强信息技术基础设施建设，促进联邦机构大数据创新；（4）通过制定数据共享和管理政策来提高数据的价值；（5）在大数据收集、共享和使用环节注重隐私保护、数据安全和伦理道德问题；（6）扩大国家在大数据教育和培训领域的覆盖面，以满足对深层次人才和广大劳动者分析能力日益增加的需求，大数据和数据科学领域正在蓬勃发展；（7）促进国家大数据创新生态系统的协同创新。

英国"2015-2018年数字经济战略"的执行主体"创新英国"自2007年以来就开始支持、促进和共同资助数字化经济创新。自2009

年以来，"创新英国"开始制定具体的数字化经济发展项目，主要包括：（1）扶持数字化创新组织；（2）建设以用户为中心的数字化社会；（3）为个人创新者提供技术、业务、资源等一切可能的帮助；（4）促进基础设施、各个平台以及各个生态系统的发展；（5）确保数字经济创新发展的可持续性。

德国数字经济建设的主要举措：一是建造数字化基础设施。德国《数字纲要》提出，用一个有效的技术手段建造覆盖全国的高速宽带基础设施，到2018年高速宽带网络下载的速度要达到50Mbit/S以上。二是推动数字化经济和数字化工作。联邦德国计划将数字化技术的发展重点推广到就业、劳动力市场和医疗卫生健康等领域。三是建设创新型国家。德国希望每一位公民是安全的、知情的，并能积极参与到数字化社会中，塑造个人的数字化生活方式。参与实现数字化民主数字服务，塑造数字化生活方式，推动公益事业的数字化并且加强教育、研究、科学、文化与媒体的数字化建设。

总体而言，总结欧美发达国家数字经济发展的共同举措主要有四个方面。一是发展数字经济基础设施，巩固跨行业的基础架构，鼓励投资，对新进入市场的创新者给予指导，鼓励并支持基础设施以及各个软件平台的互联互通，建立数字化的生态系统，并帮助它们扩大规模。二是加大数字经济人才培养力度，确保大众基本数字经济素养稳步提升和深层次人才供给。三是将数字技术推广到传统产业，提升产业数字化水平，同时确保数字经济可持续发展。四是注重隐私保护、数据安全等风险管控。

6.4　国际数字治理的经验启示

从国际数字治理现状来看，数字治理的实质是"数字时代和数字化生存中的国家治理或公共治理"，治理思维和治理范式的革新是治理能力建设的重要组成部分，治理能力现代化建设关系到国家治理的成效，治理体系和治理能力之间应该是嵌入式的共生衍进形态[1]。在数字时代，从战略决策、经济动力、组织等层面持续推进市域数字治理的协同性、多元性、敏捷性，能够更好地推动我国的城市治理现代化建设。

1. 加强数据治理和基础设施建设，深化治理行为构建的战略基础

将数字治理与社会治理、国家治理相融合，在行为构建上协同互生，相互叠加。在"新基建"进程中加快推进公共数据开放与共享的基础设施建设，在公共数据的收集与整合、大数据平台的建立、公众数据隐私保护和信息安全保护体系建设方面建立制度保障。目前，我国数字资源"存不起、查不准、防不住"，重视经济利益而轻视信息安全保护问题突出。立法和行政部门应该加大立法立规的调研，加快信息安全和公民隐私权益保护的立法进程。同时，将数字治理嵌入城市治理的大框架中，制定国家和地区层面相融合的发展战略，并保持战略的连贯性和稳定性。各城市可以因地制宜地制定数字治理应用与推广的实施方案，信息化程度高的城市公共设施升级换代快，应该制定数字治理应用的战略规划，编制行之有效的解决方案，重视差异化、避免同质化、形成特色化。

2. 深度耦合数字经济建设，保障数字治理可持续发展

要从数字产业化、产业数字化和数字化治理三大体系入手，加快创造信息互通的条件，在政策上鼓励数字产业的发展，助力培育数字经济。同时要重视传统存量领域的数字化转型，促进数字经济与传统产业的融合。要利用数字治理技术的广泛应用，为新时代经济结构的战略转变、高素质就业结构的转变和智能技术的创新运用创造条件与环境。培育新的产业链，推动新旧动能接续转换，促进产业结构的重构和升级，让数字经济成为助推经济高质量发展和社会治理效率变革的加速器，以产业建设推动能力建设。

3. 创新数字治理机制，增强城市治理的敏捷性、协同性和多样性

一方面，优化顶层设计，促进政府部门之间的信息互联互通。依

---

① 夏银平、刘伟：《城市数字治理与治理能力现代化的行为互嵌——以新加坡为例》，《扬州大学学报》（人文社会科学版）2020 年第 24（6）期，第 51~60 页。

托跨部门、跨地域、跨系统的政务云，构建具有数据储存、处理和分析功能的大数据中心和公共安全视频图像共享平台，打通数据孤岛，弥补数据鸿沟，促进数据共享，加速推进示范应用，充分引入市场化机制和社会自治机制，提升对治理需求的快速响应能力和治理决策的协同能力。

另一方面，改变以往的政府单一主导模式，加大整个社会的参与力度，减少公共部门之间数据隔离的信息壁垒。探索数据资源共享的利益协调保障机制，保障公共数据资源在组织架构、业务流程、多元主体等方面的利益协调。突出目标导向、需求导向和问题导向，引导企业挖掘公共数据的潜在价值，实现公共数据的高效和高质量利用，真正做到以应用培育产业，以产业发展促进科技创新的良性发展，促进创新效应的外溢与扩散。

4. 注重治理机制的风险防控，提防数字治理的风险与陷阱

数字治理的技术手段存在数据失真、运算失效、数据独裁、结果预判对基本伦理的冲击、数据安全威胁等诸多问题。这就需要警惕数据量增大之后带来的显著性检验问题、数字资源调控权力的滥用与异化、封闭数据与断裂数据形成的虚假性统计结果、算法失真和数字伦理等风险。同时，由于我国的信息化程度总体偏低，大面积采纳数据意见可能会造成社会弱势群体公共意见的弱化，形成社会正义的失衡，并引发大规模失业。在推动治理革新的同时要注重脱离智能与网络之外的"原始性"人群的公众权益，社会边缘群体和弱势群体很容易在这场治理革新中既无法表达利益诉求，又无法构建空间正义，变成隐形失声群体。因此，技术手段和社会公正的并轨，区域协调和人群普惠等问题也应得到足够重视。

第七章

城市数字治理的中国道路
——数字中国战略的城市映射

我国城市治理现代化的总目标是在多元参与中实现城市公共价值最大化，提高城市公民的满足感、获得感、安全感，最大程度地实现善治。改革开放以来，我国在数字治理方面进行了大量探索，取得了一定成效和经验，但也存在一些问题。

7.1 中国城市数字治理发展阶段

从政府数字化转型①、智慧城市建设②以及数字经济发展③等视角来看，我国数字治理大致经历了三个阶段。

7.1.1 数字政府视角

我国数字政府伴随着改革开放而出现，其萌芽于 20 世纪 80 年代初期，至今已有 40 多年的发展历程。这相对于已经完成工业化和现代化历史任务，并在科学技术领域引领世界百年的英美国家而言，在当

---

① 杨述明：《数字政府治理：智能社会背景下政府再造的必然选择》，《社会科学动态》2020 年第 11 期，第 25~34 页。
② 殷庆华：《县域智慧城市建设项目风险管理研究》，山东大学，2018。
③ 胡雯：《中国数字经济发展回顾与展望》，《网信军民融合》2018 年第 6 期，第 18~22 页。

时具有非常了不起的战略眼光。

第一阶段：办公自动化阶段（20 世纪 80 年代～90 年代）

20 世纪 80 年代初，随着改革开放、经济发展的不断深入，政府行政能力与效率成为推进发展与改革的重要因素。因此，我国从国家层面开始重视政府办事手段如何实现科学化、行政管理者如何提升素质等问题。为此，在全国普遍开展在职干部职工素质培养的同时，加大了各级各类政府机关办公设施的建设，并特别强调加强信息化建设。1981 年，在国家"六五计划"中，明确提出要在政府管理中使用计算机的基本内容。1983 年，国务院在国家计划委员会成立信息管理办公室，负责国家信息管理系统的规划和建设，以及相关总体方案、法律法规和标准化的研究工作。1985 年，国务院成立电子振兴领导小组，并成立了办公自动化专门工作组，着手拟定中国办公自动化的发展规划。1986 年，国务院批准建设国家经济信息系统并组建国家经济信息中心，全面规划、指导、组织全国信息化建设与发展，推动政府信息化深化发展。到了"七五"时期，国家信息化建设已经完成包括国家经济信息系统在内的数十个相互联系的信息系统，43 个部委建立了信息中心，中央政府安装的大中型计算机已经达到 1300 多台、微机超过3 万台，建设数据库约 170 个。地方省一级政府同时展开信息化建设，沿海有条件的省份比照中央政府率先向电子政务方向迈进。此阶段"电子政务"的概念还没有正式提出来，政府信息化大多还局限于"办公自动化"，市一级政府则尚未进入信息化阶段。

第二阶段：政务信息化阶段（20 世纪 90 年代～2014 年）

1993 年，中国创新启动了"三金工程"，即金桥工程、金关工程和金卡工程，主要内容为信息化基础设施和通信网络的建设，从而开启了电子政务建设的新高潮。各地特别是沿海省份大胆试大胆闯，在许多领域走在全国前列。1999 年，随着互联网在重点部委和领域的推广，国家又及时启动了"政府上网工程"，并确立了新的发展目标，即计划在 2000 年实现 80% 的各级政府、各部门在 163/169 网上建有正式站点，并提供信息服务和便民服务。据中国互联网络信息中心域名管理处统计，在"政府上网工程"启动之前，国内登记注册的各级政府、各部门域名已有 800 多个，其中已经投入使用的有 200 多个。这说明，中国政府在改革开放关键时期，把政府职能转变、政府行政效能提升已经作为重要工作予以战略部署。仅仅一年多时间，在国家"政府上网工程"的推动下，全国政府网站建设范围已经延伸到县一级甚至乡镇政府，并开始向社会公开发布政府部门信息，有的地方和部门还尝试提供在线服务，并探索线上线下融合模式，极大地推动了公共信息基础设施建设，政府专网及业务系统建设，以及服务型政府建设得到极大推进。到 2000 年，国务院将"电子政务"正式列入"十五"计划的重要内容，并采取了突破性举措，从此拉开了中国电子政务发展的大幕，赶上了世界电子政务发展的潮头。自 2000 年以来，我国各级政府投入了大量的资金进行电子政务方面的建设，各级各类政府网站，在规划设计、内容建设、功能性、互动性以及机构人才等方面都取得了突破性发展，电子政务在这一时期从初级阶段一跃而上，达到相对成熟阶段。

第三阶段：政府数字化转型（2014 年至今）

2014 年 2 月，为了全面加强信息化建设，增强全国统筹规划布局和重大项目落实实施力度，党中央决定成立中央网络安全和信息化领导小组，领导小组下设办公室，具体负责全国网络安全和信息化推进。此后，与电子政务统筹推进相关的职能从工信部划拨到中央网信办信息化发展局，由该局负责统筹推进全国电子政务发展工作。自 2014 年以来，中央网信办通过出台顶层设计方案、建立国家电子政务工作统筹协调机制等方式，破解"九龙治水"难题，推动全国电子政务发展和推进工作进入一个新时期。中办、国办、网信办、国家发展改革委等部门围绕电子政务发布了一系列政策文件。其中，政务信息系统整合共享和"互联网+政务服务"成为电子政务工作重点。2017 年 10 月，党的十九大报告指出，要深入推进国家治理体系和治理能力现代化，加强互联网内容建设，为数字政府建设进一步指明了方向。2018 年 7 月，国务院及时出台了《关于加快推进全国一体化在线政务服务平台建设的指导意见》，将数字政府建设推进到全面提速阶段。这一历史时期不仅是我国数字政府建设质的转变时期，也是政府再造新型治理形态的初步形成时期。

7.1.2 智慧城市视角

自 2008 年美国提出智慧地球概念提出以来，世界各国给予了广泛关注，并聚焦经济发展最活跃、信息化程度最高、人口居住最集中、社会管理难度最大的城市区域，启动了智慧城市相关计划。我国也高度重视智慧城市建设，并且随着物联网、云计算、人工智能等信息技术的发展，智慧城市逐步成为我国城市建设的新方向。

第一阶段：初步探索阶段（2008~2012 年）

2008 年起，智慧城市概念逐步得到广泛认可，我国许多城市开始借鉴这一概念大力开展相关探索，我国智慧城市进入了初步探索阶段。2010 年 11 月，科技部等单位举办了"2010 中国智慧城市论坛"；2010 年 12 月，"2010 中国物联网与智慧城市建设高峰论坛"在北京举行；上海、南京等城市在 2011 年制定了相关规划，初步探索智慧城市建设发展。

整体来看，该阶段以智慧城市概念导入为主要特征，以无线通信、光纤宽带、HTTP、GIS、GPS、RS 等为重点技术，各领域分头推进行业数字化智能化改造。由于尚未形成体系，该阶段以分散建设为主，应用水平较低，智慧城市的发展速度较为缓慢。

第二阶段：全面建设阶段（2012~2016 年）

2012 年，随着城镇化进程加速和信息技术的全面应用，我国智慧城市建设进入深入探索阶段，从上至下相关部委、各省及市级政府相继出台具体领域的细化政策，支持智慧城市建设。其中，在住建部的推动下，智慧城市试点示范工作正式启动，其相继发布第一批试点城市名单（90 个市、区县、乡镇）和第二批试点城市名单，并配 4400 亿元授信额度支持智慧城市建设。此外，科技部、国家发改委、工信部等部委也陆续发布智慧城市试点名单。2014 年 3 月，中共中央、国务院印发《国家新型城镇化规划（2014-2020年）》，提出利用大数据、云计算、物联网等新一代信息技术，推动智慧城市发展，首次把智慧城市建设引入国家战略规划，并提出到2020年，建成一批特色鲜明的智慧城市。2014年8月，经国务院同意，国家发展改革委等八部委联合印发《关于促进智慧城市健康发展的指导意见》，要求各地区、各有关部门落实本指导意见提出的各项任务，并在国家层面成立了"促进智慧城市健康发展部际协调工作组"。此后，各部门开始协同指导地方智慧城市建设。至此，我国智慧城市建设进入了从试点推进到统筹发展的全面建设阶段。

这一阶段的主要特征是以RFID、2G/3G/4G、云计算、SOA等为代表的新兴技术驱动下的全面推进。在这一阶段中，国家部委重点推进，地方政府开放市场，设备商、集成商跑马圈地，以重点项目或应用为抓手推动智慧城市建设，如智慧交通、智慧税务、智慧建筑、政府网站升级等。

第三阶段：转型升级阶段（2016年至今）

城镇化进程的不断推进，给城市管理、建设和发展带来了更多挑战和更大的压力。如何应对城市未来发展的巨大挑战，成为全球各国以及所有城市共同面临的问题。在此背景下，我国在以往智慧城市理论和实践的基础上，进一步提出建设新型智慧城市。

从2016年起，国家出台了《国家信息化发展战略纲要》《"十三五"国家信息化规划》等信息化建设相关的文件，提出了要深入开展新型智慧城市建设，要求将"无处不在的惠民服务、透明高效的在线政府、融合创新的信息经济、精准精细的城市治理、安全可靠的运行体系"作为发展目标。相关部门提出在"十三五"时期有针对性地组织100个城市开展新型智慧城市"试点"，同时开展智慧城市建设效果评价工作。2016年10月，习近平在中央政治局集体学习中强调"以推行电子政务、建设新型智慧城市等为抓手，以数据集中和共享为途径，建设全国一体化的国家大数据中心，推进技术融合、业务融合、数据融合，实现跨层级、跨地域、跨系统、跨部门、跨业务的协同管理和服务"。进一步对我国新时期新型智慧城市的建设和发展提出了要求。

2017 年，在党的十九大报告中，"智慧社会"被作为建设创新型国家的重要组成部分提出，引起了社会的广泛关注。智慧社会概念的提出，不仅仅是对智慧城市外延的扩充和内涵的提升，更是从顶层设计的角度，为经济发展、公共服务、社会治理提出了全新的要求和目标，其主旨是希望能够充分运用信息和通信技术手段感测、分析、整合城市运行核心系统的各项关键信息，对包括民生、环保、公共安全、城市服务、工商业活动在内的各种需求作出智能响应，为人类创造更美好的城市生活。自此，我国的智慧城市建设进入了向新型智慧城市、智慧社会转型升级的发展阶段。

在这一阶段，信息化与城市化高度融合，5G、物联网、大数据、人工智能、区块链等新兴技术持续应用，向打破信息"烟囱"实现信息互联互通、实现跨行业大数据的真正融合共享和构建城市信息安全体系的方向迈进。同时，智慧城市作为城市的整体发展战略，成为经济转型、产业升级和城市提升的新引擎，越来越多的科技企业直接参与智慧城市建设，如阿里"城市大脑"在杭州、苏州、衢州、澳门相继落地，并与雄安新区宣布合作；腾讯与各地方政府合作，打造统一的掌上民生服务平台，涉及包括医疗、交通、交管、社保、公积金、出入境、公安户政、缴费、教育等在内的民生公共服务。

目前，我国智慧城市发展与建设持续深入，各地纷纷结合自身情况，提出有针对性的城市数字化转型概念。2020 年 11 月，上海市委提出要全面推进城市数字化转型。2021 年 2 月，浙江省委召开全省数字化改革大会，全面部署省内数字化改革工作，推动智慧城市发展和落地。目前中国已打造多个智慧城市群，工程数量全球遥遥领先。德勤 2019 年发布的《超级智能城市 2.0：人工智能引领新风向》报告指出，中国国内在建智慧城市数量近 500 个，是全球智慧城市建设数量的一半。截至 2020 年 4 月，各部委公布的智慧城市相关试点数量达到749 个。

7.1.3 数字经济视角

中国数字经济早期发展得益于人口红利的先天优势，网民规模的高速增长为互联网行业的崛起提供了天然的优质土壤。2012 年以后，网民增速趋于平缓，移动端时代的到来，促使中国数字经济进入成熟发展期。中国数字经济的主要商业模式经历了一段较长时间的演变，从信息传播到电子商务，从网络服务到智能决策，新模式和新企业不断涌现，商业模式重心向用户端倾斜，技术成为行业核心的驱动力，但争夺流量和积累用户规模仍然是商业模式成功的关键要素。

第一阶段：萌芽期（1994~2002 年）

1994 年，中国正式接入国际互联网，进入互联网时代。以互联网行业崛起为显著特征，伴随互联网用户数量的高速增长，一大批业内先锋企业相继成立。三大门户网站新浪、搜狐、网易先后创立，阿里巴巴、京东等电子商务网站进入初创阶段，百度、腾讯等搜索引擎和社交媒体得到空前发展。不难发现，中国互联网行业的龙头企业绝大多数是在萌芽期内成立的。这一阶段，中国数字经济的商业模式仍然较为单一，以新闻门户、邮箱业务、搜索引擎为代表的业态，其增值服务以信息传播和获取为中心。萌芽期初创企业模仿国外成功商业模式的现象极为普遍，技术创新尚未得到足够重视，流量争夺和用户积累是竞争的核心内容。2000 年前后，以科技股为代表的纳斯达克股市崩盘，全球互联网泡沫破灭，国内互联网产业也未能幸免，经历了 2~3 年的低迷阶段。其间，网易在纳斯达克的美股股价曾连续 9 个月跌破 1 美元，导致 2002 年被停牌。

第二阶段：高速发展期（2003~2012 年）

经历短暂的低迷阶段后，中国数字经济在此期间步入高速增长期。随着互联网用户数量持续保持两位数的年增速，以网络零售为代表的电子商务首先发力，带动数字经济由萌芽期进入新的发展阶段。2003 年上半年，阿里巴巴推出个人电子商务网站"淘宝网"，以成功的本土化商业模式迫使 eBay 退出中国市场，并在此后发展成为全球最大的

C2C 电子商务平台。2003 年下半年，阿里巴巴推出支付宝业务，逐渐成为第三方支付领域的龙头。2006 年网络零售额突破 1000 亿元大关，2012 年突破 1 万亿元大关，这期间增速一直保持在 50% 以上。2007 年，国家发布《电子商务发展"十一五"规划》，将电子商务服务业确定为国家重要的新兴产业。

同时，新兴业态不断涌现，"博客"、"微博"等自媒体的出现，使网民个体能够对社会经济产生前所未有的深刻影响。社交网络服务（Social Networking Site，SNS）的普及，使人际联络方式发生重大变革，社交网络与社交关系间形成了紧密联系。2005 年，"博客"的兴起成为互联网最具革命意义的变化之一，网民得以个人姿态深度参与到互联网中。美国《时代》周刊曾评论称，社会正从机构向个人过渡，个人正在成为"新数字时代民主社会"的公民。同年，腾讯注册用户（QQ 用户）过亿，即时聊天工具成为网民标配。2009 年，以社交网站为基础的虚拟社区游戏迅速升温，开心网、腾讯开心农场等成为大众时尚。同年，"微博"正式上线，这种单帖字数限制在 140 字符以内的微型博客，通过即时分享的强大优势迅速传播，产生了极大的影响力。

2012 年，中国网民数量增速下降至 9.92%，结束了近十年两位数增长的态势，宣告业内依靠网民数量高速增长形成的发展和盈利模式将面临挑战。同时，根据中国互联网信息中心发布的报告，截至 2012 年底，中国手机网民规模达到 4.2 亿，使用手机上网的网民首次超过台式电脑，表明中国数字经济发展进入新阶段。

第三阶段：成熟期（2013 年至今）

自手机网民数量规模化以来，互联网行业迎来移动端时代，中国数字经济的基本格局已经形成，并迈入成熟期。以信息互通为基础，智能手机全面连接起人类线上和线下生活，并且产生了深远的双向影响。在成熟阶段，数字经济业态主要有两大特征。第一，传统行业互联网化。以网络零售为基础，生活服务的各个方面几乎都在向线上转移，打车可以使用"滴滴打车"，叫外卖可以使用"饿了么"、"美团外卖"等，甚至洗衣、家政等业务也能够通过互联网解决。然而，互联网化也绝非传统行业转型的灵丹妙药，在经历短暂的"热恋期"后，以互联网医疗为代表的一批互联网化行业进入"幻灭期"。第二，基于互联网的模式创新不断涌现。以摩拜、ofo为代表的共享出行业态，突破了原有共享单车的"有桩"模式，通过以模式创新为核心的方式，为中国数字经济注入了新的活力。此外，网络直播模式的崛起也具有一定的代表性，特别是2016年淘宝直播上线之后，网络直播模式与网购和海淘的进一步融合，使直播经济真正成为一种强有力的变现模式。

腾讯研究院及工信部电子科学技术情报研究所联合发布的《数字白皮书》指出，"数字经济"中的"数字"根据数字化程度的不同，可以分为信息数字化、业务数字化和数字转型三个阶段。其中数字转型是数字化发展的新阶段，不仅能扩展新的经济发展空间，促进经济可持续发展，而且能推动传统产业转型升级，促进整个社会转型发展。目前，中国数字经济各行业所处的阶段不尽相同，工业4.0、新零售等行业仍处于萌芽期，在线视频、网络营销、网络购物等行业已经步入成熟期。不可否认，互联网行业仍然是数字经济最重要的组成部分，对传统产业转型升级的推动力虽然已经显现，但仍任重道远。就互联网行业而言，百度、阿里巴巴、腾讯（BAT），三寡头主导的格局已经形成，短期内难有较大变化。

7.2　中国城市治理"六化"趋势

随着我国城镇化的快速发展，城市管理进一步向城市治理转型，逐渐呈现治理领域日益扩大化、治理主体日益多元化、治理手段日益信息化和智慧化、治理层面日益基层化、治理方式日益法治化、治理理念日益人性化的趋势。

7.2.1　治理领域日益扩大化，逐渐向综合治理方向发展

城市治理领域逐渐由分部门管理转向单一部门牵头协调的综合管

理。传统的城市治理一般指狭义上的城市管理，主要是市政管理，对城市的市政工程、公用事业、园林绿化、市容和环境卫生以及城市规划、房地产等行业的管理。广义的城市管理是指城市人民政府对整个城市的工业、商业、基本建设、基础设施、公安交通、城建环保、文化教育、体育卫生、公用事业等各项工作的综合管理。随着城市的发展，所包含的要素越来越多，目前城市管理逐渐向广义发展。由此可见，城市治理所覆盖的业务范围愈来愈大，且向着综合治理的方向发展。

俞可平教授认为，城市治理就是对城市公共生活的规范化管理，其主要目的是维护正常的城市生活秩序，提高城市生活品质。城市治理的核心要素是城市的公共政策和市政规划，从"广州国际城市创新奖"获奖案例来看，城市治理的重点领域主要包括城市生态环境、城市公共交通、城市公共安全、城市公共卫生、城市公共文化、城市公共水源、城市社会保障、城市社会教助、城市社区治理、新老市民融合和城市社会问题等。治理的领域逐渐扩大且复杂化，中央城市工作会议和《中共中央、国务院关于深入推进城市执法体制改革改进城市管理工作的指导意见》也要求城市管理向着综合管理执法方向发展。

7.2.2 治理主体日益多元化，协同治理模式日渐成熟

城市治理现代化的一个重要特征，就是治理主体多元化。除了政府或其他公共权威机构外，企业组织、民间组织、社区组织在城市治理中日益发挥重要作用。越来越多过去为政府所拥有的城市管理和服务职能正在转移给其他民间组织和企业组织，它们与城市政府一起形成了一个多元化的城市治理结构。但在这个多元化的城市治理结构中，政府或其他城市公共权威机构依然起着主导性作用，发挥着其他任何非政府组织无法替代的作用。多元主体参与的协同治理模式已经逐渐在一些城市开始尝试。

7.2.3　治理手段日益信息化和智慧化，治理效率大幅提升

新的信息网络技术日益成为城市治理不可或缺的工具。信息网络技术改变了人类的行为方式和生活方式，同样也改变了城市管理的手段和方式。离开信息网络技术，城市生活已难以想象，与此相适应，信息网络技术对于城市治理的作用也变得极其重要。众多的城市创新项目都与运用信息网络技术改善城市生活直接相关，特别是城市交通、市民参与和社区服务。"智慧城市"的兴起，典型地反映了信息网络技术对于城市管理创新的意义，也在很大程度上预示了未来城市生活的形态。目前国内很多城市已经开始利用大数据、物联网等新一代信息技术开展城市治理，并取得了显著成效。

7.2.4　治理层面日益基层化，基层治理重要性凸显

基层治理是国家治理体系和治理能力现代化的重要基础，是国家治理的"最后一公里"，是以人民为中心发展理念的根本体现。随着城市的发展，大面积突发公共卫生事件的频发，基层治理的重要性越来越凸显。老旧小区更新改造成为"十四五"时期的重点任务之一，正是国家加强基层治理的重要体现。随着基层治理重要性的凸显和国家的重视，各地也都积极采取措施加强基层治理。

7.2.5　治理方式日益法治化，由行政主导向依法治理转变

城市治理方式逐渐由行政主导向依法治理转变。随着我国法治国家的建设，法律法规制度的不断完善和公民法律意识的增强，城市治理的方式也逐渐由行政主导向依法治理转变。2015 年，党的十八届四中全会提出全面推进依法治国。十九大报告提出要"坚持和完善中国特色社会主义制度，不断推进国家治理体系和治理能力现代化"。十九届四中全会上，习近平强调要"必须坚定不移走中国特色社会主义法治道路，全面推进依法治国，坚持依法治国、依法执政、依法行政共同推进，坚持法治国家、法治政府、法治社会一体建设"。法治化

作为一种新的城市治理模式，它着眼法治目标、普及法治观念、追求法治价值，致力于推动城市发展的制度化、规范化、人性化，与国家治理现代化有机契合。

7.2.6 治理理念日益人性化，由管理向服务转变

习近平总书记在 2019 年考察上海时提出"人民城市人民建，人民城市为人民"的城市管理理念。同年在考察兰州时又再次强调"城市是人民的，城市建设要贯彻以人民为中心的发展思想，让人民群众生活更幸福"，均彰显了以人为本的城市工作理念。近年来，"人性化"管理越来越受到城市管理执法机关和人民群众的重视，只有树立"以人为本"的城市管理理念，实施弹性、常态化和引导性的人性化管理手段才能解决当今社会"城管执法难"的问题。于是人性化管理理念被逐渐灌输到各地的城市治理当中。

7.3 中国数字治理的关键举措

7.3.1 实施大数据战略，建设数字中国

1. 推动大数据技术产业创新发展

瞄准世界科技前沿，集中优势资源突破大数据核心技术，加快构建自主可控的大数据产业链、价值链和生态系统。加快构建高速、移动、安全、泛在的新一代信息基础设施，统筹规划政务数据资源和社会数据资源，完善基础信息资源和重要领域信息资源建设，形成万物互联、人机交互、天地一体的网络空间。发挥我国制度优势和市场优势，面向国家重大需求，面向国民经济发展主战场，全面实施促进大数据发展行动，完善大数据发展政策环境。坚持数据开放、市场主导，以数据为纽带促进产学研深度融合，形成数据驱动型创新体系和发展模式，培育造就一批大数据领军企业，打造多层次、多类型的大数据人才队伍。

2. 构建以数据为关键要素的数字经济

坚持以供给侧结构性改革为主线，加快发展数字经济，推动实体经济和数字经济融合发展，推动互联网、大数据、人工智能同实体经济深度融合，继续做好信息化和工业化深度融合这篇大文章，推动制造业加速向数字化、网络化、智能化发展。深入实施工业互联网创新发展战略，系统推进工业互联网基础设施和数据资源管理体系建设，发挥数据的基础资源作用和创新引擎作用，加快形成以创新为主要引领和支撑的数字经济。

3. 运用大数据提升国家治理现代化水平

建立健全大数据辅助科学决策和社会治理的机制，推进政府管理和社会治理模式创新，实现政府决策科学化、社会治理精准化、公共服务高效化。以推行电子政务、建设智慧城市等为抓手，以数据集中和共享为途径，推动技术融合、业务融合、数据融合，打通信息壁垒，形成覆盖全国、统筹利用、统一接入的数据共享大平台，构建全国信息资源共享体系，实现跨层级、跨地域、跨系统、跨部门、跨业务的协同管理和服务。充分利用大数据平台，综合分析风险因素，提高对风险因素的感知、预测、防范能力。加强政企合作、多方参与，加快公共服务领域数据集中和共享，推进同企业积累的社会数据进行平台对接，形成社会治理强大合力。加强互联网内容建设，建立网络综合治理体系，营造清朗的网络空间。

4. 运用大数据促进保障和改善民生

大数据在保障和改善民生方面大有作为。坚持以人民为中心的发展思想，推进"互联网＋教育"、"互联网＋医疗"、"互联网＋文化"等，让百姓少跑腿、数据多跑路，不断提升公共服务均等化、普惠化、便捷化水平。坚持问题导向，抓住民生领域的突出矛盾和问题，强化民生服务，弥补民生短板，推进教育、就业、社保、医药卫生、住房、交通等领域大数据普及应用，深度开发各类便民应用。加强生态环境领域的大数据运用，为加快改善生态环境助力。

5. 切实保障国家数据安全

加强关键信息基础设施安全保护，强化国家关键数据资源保护能力，增强数据安全预警和溯源能力。加强政策、监管、法律的统筹协调，加快法规制度建设。制定数据资源确权、开放、流通、交易相关制度，完善数据产权保护制度。加大对技术专利、数字版权、数字内容产品及个人隐私等的保护力度，维护广大人民群众利益、社会稳定、国家安全。加强国际数据治理政策储备和治理规则研究，提出中国方案。

6. 提高数据获取、分析与运用的能力

不断加深对大数据的理解与认识，管好大数据，用好大数据，增强利用数据推进各项工作的本领，不断提高对大数据发展规律的把握能力，使大数据在各项工作中发挥更大作用。

数字中国建设总体要求见图 7-1。

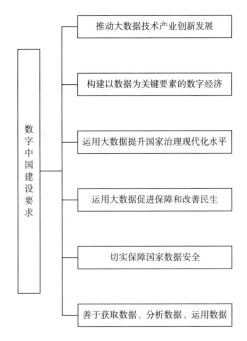

图 7-1　数字中国建设总体要求

7.3.2 系统制订数字治理政策与规划

党的十八大以来，国务院及国家各部门发布了一系列政策文件，对云计算、互联网+、大数据、人工智能、区块链、5G等数字技术布局国家治理规划进行了重要部署。可以看出，在数字化加速发展的大背景下，把数字技术与制度进行融合，建设兼具系统性、连贯性与实效性的治理体系，已然成为推进国家治理现代化的应有之义。通过梳理政策文件可以看出，在我国国家治理宏观设计中，以现代信息技术驱动治理的政策规划部署是系统性的（见表7-1）。从1999年我国全面实施政府上网工程开始，信息技术在国家治理领域中的作用经历了进场、适应、发挥作用、系统性的规划部署的变化。数字治理可以充分释放作为工具手段的"技术"和治理工具的"制度"的协同效应。

表 7-1 中国数字治理主要政策

序号	时间/文号	名称	相关内容
1	2013.02/工信部函〔2013〕2号	《基于云计算的电子政务公共平台顶层设计指南》	促进云计算模式和电子政务的协同应用，开展基于云计算的电子政务公共平台顶层设计，从而推动电子政务公共平台健全和完善，以及电子政务服务能力和水平的全面提升
2	2013.09/国发〔2013〕36号	《关于加强城市基础设施建设的意见》	加快城市基础设施转型升级，全面提升城市基础设施水平；提升城市管理标准化、信息化、精细化水平，提升数字城管系统能力
3	2014.03/中共中央、国务院	《国家新型城镇化规划（2014—2020年）》	推动智慧城市等新型城市建设；加强和创新城市社会治理
4	2015.07/国办发〔2015〕51号	《关于运用大数据加强对市场主体服务和监管的若干意见》	一是提高政府运用大数据能力；二是推动简政放权和政府职能转变；三是提升政府服务水平和监管效率；四是促进政府监管和社会监督有机结合

续表

序号	时间/文号	名称	相关内容
5	2015.07/国发〔2015〕40号	《关于积极推进"互联网＋"行动的指导意见》	发展以互联网为载体的便民服务，促进新兴服务业发展，创新政府服务模式，提高政府服务水平。深化互联网与政府公共服务体系的融合发展，建设以公众需求为导向的一体化在线公共服务体系
6	2015.09/国发〔2015〕50号	《关于印发促进大数据发展行动纲要的通知》	大力推动公共服务的多方数据共享，促进公共数据资源开放。加快政府信息平台整合，打破数据壁垒，推进数据资源向社会开放，提升政府治理能力，增强政府公信力，引导社会发展，服务公众企业
7	2015.12/中共中央、国务院	《关于深入推进城市执法体制改革改进城市管理工作的指导意见》	整合信息平台，积极推进城市管理数字化、精细化、智慧化
8	2016.02/中共中央、国务院	《进一步加强城市规划建设管理工作的若干意见》	推进城市智慧管理。加强城市管理和服务体系智能化建设，促进大数据、物联网、云计算等现代信息技术与城市管理服务融合，提升城市治理和服务水平
9	2016.07/中办、国办	《国家信息化发展战略纲要》	深化电子政务，推进国家治理现代化。完善一体化在线公共服务体系，推动电子政务服务向基层延伸
10	2016.09/国发〔2016〕55号	《关于加快推进"互联网＋政务服务"工作的指导意见》	2020年底前，建成覆盖全国的整体联动、部门协同、省级统筹、一网办理的"互联网＋政务服务"体系，大幅提升政务服务智慧化水平
11	2017.01/国办函〔2016〕108号	《"互联网＋政务服务"技术体系建设指南》	以服务驱动和技术支撑为主线，优化政务服务供给的信息化解决路径和操作方法
12	2017.07/发改高技〔2017〕1449号	《"十三五"国家政务信息化工程建设规划》	政务信息化工程建设要进一步强化系统理论思想，统筹推进技术、业务和数据融合，构建一体整合大平台、协同联动大系统、共享共用大数据

序号	时间/文号	名称	相关内容
13	2017.10/习近平在中国共产党第十九次全国代表大会上的报告	《决胜全面建成小康社会夺取新时代中国特色社会主义伟大胜利》	打造共建共治共享的社会治理格局，对建设网络强国、数字中国、智慧社会做出战略部署
14	2018.07/国务院	《关于加快推进全国一体化在线政务服务平台建设的指导意见》	更好为企业和群众提供全流程一体化在线服务，推动政府治理现代化
15	2019.01/国家互联网信息办公室令第3号	《区块链信息服务管理规定》	规范区块链信息服务活动，促进区块链技术及相关服务健康发展
16	2019.10/国家发改委	《产业结构调整指导目录（2019年本）》	在鼓励类条目中，新增"人工智能""人力资源与人力资本服务业""养老与托育服务""家政"等行业
17	2019.11/工信部〔2019〕78号	《"5G＋工业互联网"512工程推进方案》	5G与工业互联网的融合创新发展，将推动制造业从单点、局部的信息技术应用向数字化、网络化和智能化转变
18	2020.01/国办发〔2019〕58号	《关于支持国家级新区深化改革创新加快推动高质量发展的指导意见》	加快推动区块链技术和产业创新发展，探索"区块链＋"模式，促进区块链和实体经济深度融合
19	2020.03/工信部〔2020〕8号	《工业和信息化部办公厅关于推动工业互联网加快发展的通知》	推动企业加快工业设备联网上云、业务系统云化迁移
20	2020.03/中共中央、国务院	《关于构建更加完善的要素市场化配置体制机制的意见》	加快培育数据要素市场：推进政府数据开放共享；提升社会数据资源价值；加强数据资源整合和安全保护
21	2020.04/发改高技〔2020〕552号	《关于推进"上云用数赋智"行动培育新经济发展实施方案》	进一步加快产业数字化转型，培育新经济发展，助力构建现代化产业体系，实现经济高质量发展

续表

序号	时间/文号	名称	相关内容
22	2020. 10/中国共产党第十九届中央委员会第五次全体会议	《中共中央关于制定国民经济和社会发展第十四个五年规划和二〇三五年远景目标的建议》	加快数字化发展。发展数字经济，推进数字产业化和产业数字化，推动数字经济和实体经济深度融合，打造具有国际竞争力的数字产业集群。加强数字社会、数字政府建设，提升公共服务、社会治理等数字化智能化水平

7.3.3　推进制度建设，保障制度供给

我国数字治理立法主要体现在数据层面，且呈现"地方反哺中央"的趋势。在数据共享方面，主要依据规范性文件《政务信息资源共享管理暂行办法》。在数据开放方面，《数据安全法》用专门一章规定了政务数据安全与开放的内容。在安全领域，《网络安全法》《数据安全法》《个人信息保护法》对数据安全提出了较为全面的要求，并有部分法规、规章和规范性文件对其进行了细化（见表7-2）。此外，《民法典》《刑法》《电子商务法》《治安管理处罚法》《未成年人保护法》《侵权责任法》对个人信息保护和入侵计算机信息系统行为有个别规定。

在地方层面，由于数据已经成为重要市场要素，政府试图推动大数据资源、技术与实体经济深度融合[①]。从2016年开始，我国先后批复建设贵州、京津冀、珠江三角洲、上海、河南、重庆、内蒙古等8个国家级大数据综合试验区。依据工信部发布的《大数据产业发展规划（2016年-2020年）》，大数据综合试验区还将扩容。地方政府在大数据立法方面进行了先行先试。贵州、天津、海南、上海、深圳等地纷纷开展促进大数据发展的立法工作。作为首个国家大数据综合试验区，贵州的大数据立法走在全国前列，《贵州省大数据发展应用促

---

① 陈晓勤：《需求识别与精准供给：大数据地方立法完善思考——基于政府部门与大数据相关企业调研的分析》，《法学杂志》2020年第41（11）期，第91~101+129页。

进条例》《贵州省大数据安全保障条例》《贵阳市政府数据共享开放条例》分别是大数据发展应用促进、数据安全和数据共享开放方面的首部地方性法规。

表 7-2 国家层面相关立法及规范性文件

级别	领域		
	综合性	共享开放	安全与隐私
法律	《数据安全法》		《网络安全法》《个人信息保护法》 《电子商务法》《治安管理处罚法》 《未成年人保护法》《侵权责任法》
法规		《政府信息公开条例》	《计算机信息系统安全保护条例》
规章			《规范互联网信息服务市场秩序若干规定》 《电信和互联网用户个人信息保护规定》
规范性文件	《科学数据管理办法》	《政务信息资源共享管理暂行办法》	《信息安全等级保护管理办法》

7.4 中国城市数字治理成效显著

经过不懈努力，我国数字治理在政府、社会和经济治理等方面都取得了一系列成效[①]。

7.4.1 数字化推进城市整体治理

截至 2018 年 4 月，通过国家共享数据交换平台，我国建立了 71 个部门、31 个地方和新疆生产建设兵团互联互通的大通道，摸清了 71 个部门、5000 个信息系统的家底，消除了 2900 个信息孤岛，构建了涵盖 53 万多项目录的数据资源体系，打通了 42 个垂直信息系统，发

---

① 杨述明：《数字政府治理：智能社会背景下政府再造的必然选择》，《社会科学动态》2020 年第 11 期，第 25~34 页。

布了 508 个数据服务接口，初步疏通了 20 个重点领域的堵点问题，支撑数据共享交换超过 305 亿条次，制约电子政务发展的共享难问题初步得到解决。同时，在线电子政务用户规模逐年呈大幅上升趋势，电子政务得到社会广泛参与，其社会效应得到充分体现。

7.4.2　数字治理推进服务型政府建设

中央和各级地方政府依托网上政务服务平台，推动线上线下集成融合，实时汇入网上申报、排队预约、审批（审查）结果等信息，实现线上线下功能互补、无缝衔接、全过程留痕，并推动基于互联网、自助终端、移动终端的政务服务入口全面向基层延伸，通过"数据多跑路"实现"群众少跑腿"，"一网通办"能力持续提升。根据第四十七次《中国互联网络发展状况统计报告》，截至 2020 年 12 月，我国互联网政务服务用户规模达 8.43 亿，占整体网民的 85.3%。总体来看，依托数字化转型政务服务水平不断提高，这已经成为当前阶段我国服务型政府建设的典型特征，为深化"放管服"改革、推进"数字政府"建设提供了有力支撑，成为优化营商环境、推动经济社会高质量发展的重要引擎。例如，广东推进"数字政府"建设成效显著，2019年继"粤省事"小程序后推出"粤商通"涉企移动政府服务平台，构建整体推进、政企合作、管运分离的"数字政府"，进一步优化营商环境；浙江深入实施数字经济一号工程，基于"浙政钉""浙里办"等应用实现"一次不用跑"服务，扎实推进互联网政务服务建设，取得明显成效。

7.4.3　数字建设形成以点带面格局

以智慧城市一体化建设为抓手，构建省级城市带动地市和县级城市的格局，以数字化建设带动城市数字化治理进程①。2019 年 1 月，中国

---

① 王文、刘玉书：《论数字中国社会：发展演进、现状评价与未来治理》，《学术探索》2020 年第 7 期，第 48~61 页。

正式实施《智慧城市顶层设计指南》（GB/T 36333—2018），明确顶层设计是开展智慧城市建设的首要问题。根据中国信息通信研究院的数据，截至 2019 年 10 月，我国已有 3 个国家级城市群（占比 23.1%）、34 个省级城市（占比 94.4%）、181 个地级市（占比 71.0%）、10 个新城新区（占比 52.6%）、90 个县级市（占比 24.5%）。上述数据显示，按照一体化推进城市群建设的目标，现阶段中国智慧城市建设的重点是省级和地级市，县级城市的智慧化建设将会在省级和地市级城市实施智慧化建设后逐步全面推开。但这个先后顺序并不是一刀切，目前有部分发达县级城市也有了先进的智慧城市系统。在多方联动、各地方根据自己需求和特点同步建设智慧城市的过程中，全国已经形成以点带面的数字治理建设格局。

7.4.4 数字信用推进智慧市场治理

以社会信用数字化建设为核心，完善社会信用数字化及推动市场监管智慧化的保障体系，以数字化建设推动市场智慧化治理进程。根据中国政府网的信息，中国统一社会信用代码制度改革基本完成。截至 2018 年 5 月底，全国法人和非法人组织存量代码转换率 99.996%，存量证照换发率 83.5%，全国个体工商户存量换码率 99.6%。我国信用信息共享公开能力在不断增强，截至 2020 年 10 月末，全国信用信息共享平台连接了 46 个社会信用体系建设部际联席会议成员单位、全国 31 个省区市及新疆生产建设兵团信用平台，累计归集各类信息几百亿条，覆盖海关、税务、交通、食药、公安等多个领域，包括法人基础信息、行政许可信息、行政处罚信息、守信激励名单信息、失信惩戒名单信息等多种类型。同时，我国已初步建成守信联合激励和失信联合惩戒机制，联合奖惩备忘录不断覆盖重点领域。截至 2019 年 4 月底，各部门共签署 51 个联合奖惩合作备忘录，其中，联合惩戒备忘录 43 个，联合激励备忘录 5 个，既包括联合激励又包括联合惩戒的备忘录 3 个，信用治理成效不断凸显。我国在信用立法方面也取得了实质进展。2018 年国家层面的信用法、公共信用信息管理条例、统一社会信用代码管理办法已形成初稿。当前，已有 20 多个省市区完成了地方信用立法工作。多数省份在社会信用立法中，都将激励诚信惩戒失信进行了具体的细化，同时将政务诚信建设放在了重要位置。

7.4.5　数字技术共享信息社会福利

将人工智能识别、区块链等数字化技术广泛应用于公共安全、生态环境治理和自然资源监管等领域，促进城乡群众同步共享信息社会便利。近几年，中国乡村数字化建设发展迅速。根据第 45 次中国互联网发展状况统计调查，截至 2020 年 3 月中国农村网民规模为 2.55 亿人，占网民整体的 28.2%，较 2018 年底增长 3308 万人。农村地区互联网普及率为 46.2%，较 2018 年底提升 7.8%，城乡之间互联网普及率差距缩小 5.9 个百分点。农村宽带用户总数达 1.35 亿户，较 2018 年底增长 14.8%，增速较城市宽带用户高 6.3 个百分点。在《2019 年网络扶贫工作要点》的指导下，网络覆盖工程深化拓展，网络扶贫与数字乡村建设持续推进，数字鸿沟不断缩小。随着中国"村村通"和"电信普遍服务试点"两大工程的深入实施，广大农民群众逐步跟上互联网时代的步伐，同步享受信息社会的便利。

7.4.6　数字经济促进高质量发展

数字经济发展对经济总量增长和经济结构优化产生正面效应，贡献水平不断提升。2020 年，我国数字经济发展取得新的突破，数字经济规模达 39.2 万亿元，占 GDP 的比重达 38.7%。从发展速度来看，2020 年中国数字经济保持了 9.7% 的高位增长，高于同期 GDP 名义增速 6.7 个百分点，成为了中国经济发展的重要引擎。同时，数字经济的结构也持续优化。一方面，数字产业化实力进一步增强，数字技术新业态层出不穷；另一方面，产业数字化深入发展，工业互联网、智能制造等全面加速。这为推动我国产业转型升级，促进高质量发展提供了强大动力。

7.5 中国数字治理面临的问题

党的十九大以来，从中央到地方加快推进以数字政府建设为代表的数字治理进程，其中比较有代表性的是广东数字政府建设的政企合作模式，浙江全面深化数字化改革和"最多跑一次"改革推进政府数字化变革，上海"一网通办"和"一网统管"改革全面推进城市数字化转型，形成创新平台建设规划与管理运行模式，头雁效应作用明显。但是，改革取得显著进展的同时也暴露出一些问题，这是治理转型进程中无法回避的[①]。

1. 数字治理顶层设计仍有待提升

数字政府管理的体系化建构与法制化建设有待加强。完备的治理体制、完善的规范性文件及法规是推进数字政府治理的基本保障。我国缺乏像美国首席信息官（Chief Information Officer，CIO）这样的强力推进机制。政府办公厅、经济与信息化委员会、发展与改革委员会、审批改革办公室、科技委员会，以及市、区两级等都具有部分信息化管理的职能，管理机制不顺畅且整合能力不强。信息化建设资金渠道多，项目审批机制没有收口整合，导致"平台孤岛"大量产生。因此，建立政府首席信息官机制也是我国政府需要考虑的问题。我国的数字政府治理进程已经不再处于起步阶段，但此方面应该遵循的具体统一的规范尚未制定，现有相关文件大多未能对细节做出规定。这一情况是各地数字政府治理进程存在显著差异的原因之一。在规范缺失的情形下，数字政府治理的管理体制存在的问题阻滞了这一进程的推进。目前，在中央构建的较为宏观的管理体制下，地方政府拥有较大权限，可依据本地实际各自建构更为具体的机制措施。这导致经济发达地区因为能够调动充足的资源对这一进程加以支持，其管理体制也

① 刘祺：《当代中国数字政府建设的梗阻问题与整体协同策略》，《福建师范大学学报》（哲学社会科学版）2020年第3期，第16~22+59+168页。

就能够依照中央政府的体制得到较好构建。与此相反，经济欠发达地区因为难以调动充足的资源而限制了其管理体制的构建。

2. 数据立法等制度建设仍需要完善

一是数据权属不明晰。《民法典》仅较为原则地规定"法律对数据网络虚拟财产的保护有规定的，依照其规定"，但现有法律并未明确数据权属。数据所涉及的所有、使用、交换等一系列权利都处在模糊地带，使得相关部门和企业的数据收集使用、开发、交换等行为存在极大法律风险。二是政务数据开放开发推动难。目前缺少完整的数据价值管理和交易体系，包括数据价值评估、数据成本管理、数据交易规则等，对数据开发利润分配也缺乏合规指导。而政务数据属于国家重要资源，是无形资产，没有明确规则，政务数据开放开发则极有可能导致国有资产流失。

3. 共建共享、协同推进的机制尚待确立

技术与基础设施是支撑数字治理业务、数据及应用架构系统有效运转的保障。由于普遍缺乏统一部署，政府信息化建设呈现各自为政的局面，地区间、部门间建设进度不一、标准不同甚至存在代差，为今后一体化整合带来较大困难。同时还面临两大难题。第一，重复性投资建设。纵向上，省级、市级数字政府重复建设，比如2019年广东省级投资40多亿元经费用于数字政府建设，东莞市级也投入预算27.4亿元（2019~2021年）。横向上，各部门独立建设，仅广东省直部门就曾有46个自建机房。广东数字政府建设项目启动后，改革了信息化投资审批机制，省级所有厅局信息化项目均报省政数局审批，各地市信息化项目由各地市政数局审批，在一定程度上避免了重复投资，但囿于政数局难以精准评估各部门业务需求，因此重复建设无法彻底遏制。第二，政府与企业合作的问题。腾讯公司与三大通信运营商共同参与广东数字政府建设，这里涉及公私部门多个主体间的协作关系问题，隐含着一定利益考量并有可能出现目标不一致时的冲突。

4. 目标规划与业务架构开发仍不匹配、不衔接

只有清晰地还原行政流程，才能确保架构设计科学。业务架构开

发是将数字化治理模式与部门职能、岗位职责相结合，将政务管理与服务的任务目标，分解到具体业务、流程与岗位。开发过程中，囿于缺乏权威单位牵头对跨部门职责交叉业务进行梳理，企业开发团队中既懂技术又熟稔政府流程的人才匮乏，无法与政府职能部门深度有效沟通，加之机构改革的变动调整常常打破原有架构，致使业务规划对"需求痛点"回应不够精准。其次，事项梳理标准化、规范化、精细化问题。办事事项目录是业务架构开发的基础支撑，改革初期，各地政府部门皆面临着事项不统一、规范化程度不够高的问题。国务院办公室印发了《关于"互联网+政务服务"技术体系建设指南的通知》（国办函〔2016〕108号），对优化业务支撑体系做出要求。浙江以省级机关为单位进行条线事项"八统一"梳理，广东按照部门单一事项，以及跨层级、跨部门、跨垂管、协同服务事项等分级分类梳理，但事项精细度依然不够，缺乏要件的"最小颗粒度"细分，跨地区事项标准仍不统一。上海"一网通办"改革缺少对服务需求的深度分析，有些项目仅是简单的上线，缺乏办事需求挖掘，致使供需不一致，用户体验感不强。此外，市区政府不同层级网办事项名称、数量、流程不统一，指南不规范，存在不同程度的信息缺失。

5. 数据治理深度广度仍需加强

数字治理的核心内容是数据治理，即通过对数据资源的分配获取信息价值，数据共享程度决定了数据治理能否有效开展。一直以来，政务信息化被诟病最多的即是数据共享问题。纵向上，信息系统不联通，数据资源难共享。比如，浙江省级政府部门对中央部委的数据共享需求多达70多类，但因省级与部委的垂直信息系统并未完全实现互联互通，这些需求无法得到满足。同时，中央或省垂直管理的海关、税务、工商等部门均自建系统，数据只归集到省数据中心层面，地市政府部门需要数据时只能向省级申请需求共享，流程复杂、颇为耗时。横向上，部门之间异构系统数据标准不同、质量参差不齐，不利于开放共享和开发使用。虽然浙江将省级部门800多个信息系统整合到统一的政务云平台，归集了3066类190多亿条数据，但各部门独立的异构系统无法兼容不同格式的数据，亟须统一数据格式和通信接口标准，才能实现共通共用。不同地区数据共享情况差异大，浙江已公布两批《省级公共数据共享清单》，将57个省级单位共3600余个公共数据项纳入省市县一体化公共数据交换共享平台，开放了共享权限。上海市政府部门间可共享数据参差不齐，如市交通委共享了100多个数据，数据比较集中的市财政和发改部门首批共享数据只有8个，地区间数据差异的存在不利于今后长三角地区政务服务一体化。数据共享有效性不足，归集数据多为存量资源，较少生产系统的实时数据，且缺乏数据归集后治理用途的规划，使数据治理陷入"聚而不通、通而不用"的窘境。

6. 政务系统条强块弱的局面急需改变

应用架构是同数据架构一道承上启下确保业务规划落地的重要环节。20世纪和21世纪之交的"十二金"工程，从省到市（地州）甚至到县（市区），即所谓"条"上的信息化推进较快，基本实现了业务协同和资源整合。同时，发改委、科技、商务、民政、林业、医疗卫生等以业务为主部门的纵向信息共享工作推进较快，相比之下，横向部门间信息共享程度较低，各地区政府建设的大数据平台、政务云平台、数据共享交换平台，与条块系统整合难度大，城市级的数字治理支撑平台和系统无法发挥应用作用，对城市级数字化治理的深入开展支撑不够。

第八章

城市数字治理的南京实践

——赢在创新，重在提升

长久以来，南京一直是城市数字治理的排头兵，2005 年，南京市率先试点运用数字化城管，为数字治理工作进行早期探索[①]。2006 年南京在紧跟世界智能城市发展理念和实践进程的基础上，完成了《构建智慧城市、引领未来发展》等重要课题的研究，提出了构建智慧城市的初步设想，开启了南京智慧城市建设和城市数字治理的新篇章。2009 年 12 月，南京市委市政府明确提出推进"智慧南京"建设的重大战略构想，将其作为加快城市转型升级并在新一轮城市竞争中确立领先优势的关键战略举措。同年，启动南京市民卡工程，围绕"多卡合一、一卡多用"建设目标，打造政府加载公共管理服务和信息惠民的重要载体。2010 年，启动建设南京政务数据中心，构建市级云计算服务平台，为市级政府部门提供机房、网络、服务器等信息化基础设施服务。2012 年，发布"智慧南京'十二五'规划"，建设国内首个智慧城市综合管理与运营展示中心——"智慧南京中心"，出台《南京市城市治理条例》，成为城市治理领域的标杆城市。2013 年启动建设全国首个基于 1.4G TD-LTE 无线宽带政务城域专网，支撑城管、公安等部门指挥调度应用。2014 年，上线全国首个城市公共服务智能门

---

① 谢学峰、韩丹：《"数字化城管"模式——南京城市管理问题的新路径》，《管理视野》2011 年第 1 期，第 84~85 页。

户"我的南京"App,"智慧南京中心"作为南京青奥会主运行中心支撑保障了赛事运行综合指挥调度。2019年,响应"数字中国"战略,推动机构改革,组建大数据管理局,力求提升数据管理能力,运用大数据提升城市治理现代化水平,以数字支撑新时代的城市治理工作。同年8月,以市政府令的形式正式印发《南京市政务数据管理暂行办法》,对政务数据的规划建设、目录管理、整合共享、开放应用和安全保障等方面作出明确规定。2020年,市政府出台《加快推进城市数字治理工作方案》,提出了南京城市数字治理的指导思想、基本原则、主要目标和工作任务,明确了数据统筹、项目统筹、资金统筹、机构人员统筹四个工作抓手,以及完善大数据管理体制、建设城市运行智能化监测调度综合平台、推进城市治理重点工程等具体任务。

8.1 南京城市数字治理发展历程

8.1.1 探索实践时代(2005~2011年)

重要标志:进行数字城管试点、市民卡、政务数据中心。

南京鼓楼区2005年在全国率先试点数字化城管,成为全国首批10个试点城市"城区"之一,并于2006年第一家通过建设部验收,向全国推广。鼓楼区通过一个数字平台加100名城管监督员,把鼓楼区25.44平方公里装进"直播间"。实现1273个万米单元格上将所有城市部件一览无遗,包括6大类、60小类、185378个城市设施,以及5大类、42个小类的城管事件。

南京市2009年启动建设市民卡工程,围绕"多卡合一、一卡多用"建设目标,打造政府加载公共管理服务和信息惠民的重要载体。市民卡集社会管理、公共服务和电子支付功能于一体,是服务和方便广大群众生活的重要手段。市区居民办卡率超过85%,60岁以上老人办卡率超过90%。市民卡应用进入社保、医疗、文教、园林、交通、小额支付等30多个领域,可消费网点近1000家,初步实现了"多卡合一、一卡多用"的建设目标。以市民卡为载体,实现了老人和残疾群体乘车优惠、郊区公交刷卡、建筑业民工权益保障、公交换乘优惠等重大惠民政策的落实。

市政务数据中心自2010年开始建设,在基础设施服务外包的基础上,以内外网的扩容、核心机房建设等内容为补充,为全市机关单位提供机房、网络、服务器等信息化基础设施服务。同时承载了政府网站群、智能交通、智慧医疗等应用系统的网络和信息资源存储,形成覆盖全域、安全高效的全市统一政务网络,初步形成政务云计算服务平台,为全市各部门应用系统的集约化建设提供了支撑。初步建立了以居民应用、企业应用、政务资源和基础设施四大信息库为核心的公用基础数据库,为市民卡办理、人口普查、低收入居民家庭收入核对、综合治税等部门业务协同提供了基础信息资源保障。

8.1.2 大力推进时代(2012~2018年)

重要标志:建设智慧南京中心、"我的南京"App上线运行、出台《南京市城市治理条例》。

智慧南京中心在2012年建成,定位为国际领先、国内一流的城市大数据汇聚和展现中心、城市运行监测中心、重大事件和应急联动指挥中心,它的特点是"实时实地、汇合整合、动态直观、调度响应"。智慧南京中心已实现28个部门及公共服务单位业务数据和应用系统的集中展现和应用,在亚青会和青奥会期间承担了主运行中心的功能。智慧南京中心建立了第一套智慧城市建设运营管理指标体系,第一套集资源融合、协同管理、聚合应用为一体的系统模型,第一套应用于城市运营管理的大集中系统,第一套以空间、时序、密度为一体化线索的城市资源评估和预测模型,是全国一流的智慧城市综合运行与指挥调度案例。智慧南京中心主要实现了以下三大目标,有效支撑了智慧南京的建设。

1. 全面汇聚有效利用城市运行各类信息

实现城市运行信息的全面整合与共享。管理人员可以通过来自城市多个部门、多个单位的各类信息，以最有效的方式了解城市运行方方面面。汇聚整合城市信息资源，挖掘大数据潜在价值，促进信息消费。以数据挖掘技术为手段分析得出城市大数据背后的本质和规律，通过各种服务形式对外提供数据分析结果，完成促进信息消费的最终目标。

2. 及时掌握智能预测城市运行中可能出现的问题

能够在海量信息积累的基础上，实现对城市运行中不良情况的智能判断和预测。管理人员可以通过分析城市运行状态，预测可能发生的问题和事件，提前预防，主动应对，使事件对城市运行产生的负面影响降至最低。

3. 快速响应协调资源推进城市管理和服务一体化

为市领导和相关部门提供高价值的城市运营信息，为城市管理的协同作业提供一个统一的门户和平台。城市运行各管理和参与部门在市领导统一领导下，实现一体化作业，通过高效率的资源协调和协同作业，以一个整体解决城市运行中的问题和处理应急事件，为市民提供相应的服务。

"我的南京" App 于 2014 年 8 月 16 日正式上线运行，围绕南京市政务服务 "一网受理""一网通办" 的目标，推进政务服务应用归集，逐步将市人社、市公安局、市农业农村局、市卫生健康委员会等部门的部分政务服务归集至 "我的南京" App。截至目前已累计整合 33 个部门、43 家公共企事业单位近 300 项城市公共服务功能，涵盖城市交通、健康医疗、文化旅游、社区生活、政务服务、大学生服务、财富管理、公益服务等功能领域。截至 2021 年 6 月，"我的南京" App 实名注册用户超过 650 万人，常住人口覆盖率超过 70%。平台在市民中赢得了良好口碑，中央电视台新闻联播栏目也做了专题报道。

这一平台的快速成长得益于四个方面的创新实践。一是统一门户、资源整合。"我的南京" App 建设了全市统一的实名用户认证体系，将多部门数据整合后一站式推送到个人掌上，免除了用户多次认证、重复绑定、多点查询的烦恼，实现了公共服务从 "分散式、广播式"

到"个性化、集成式"的转变。二是惠民便民、体验至上。针对传统服务模式信息分割、检索复杂、流程烦琐等弊端,强化以用户体验为中心的理念,能够线上完成的流程,不需要用户跑腿;能够后台整合的信息,不需要用户提交。基于城市公共服务场景,整合服务资源,着力解决群众日常生活中的痛点问题,上线居民购房证明在线开具功能,上线首日开出电子购房证明1328张,超过全市9个开具点的日均总和,产生了良好的社会影响。三是开放共享、合作共建。"我的南京"App开创了政府各部门和社会主体共同参与惠民服务的协作模式,平台提供实名认证、资源开放和大流量的用户导入,各类服务提供方依托这一基础平台提供交通、社保、健康、信用、文化、支付等专业服务,如市人社局的"智慧人社"服务,依托这一平台提供社保缴费、查询、大学毕业生租房补贴申请等系列服务,既节约了单独开发维护的成本,也快速拥有了百万级的实名用户。本地企业依托这一平台提供新能源车的租借、支付和充电服务,加快了新能源车的推广步伐。四是以用促建、创新模式。"我的南京"App实现了平台与用户之间的高频互动,形成了以服务换数据、以数据提升服务的良性循环和城市大数据生态系统。

《南京市城市治理条例》2012年11月29日经江苏省第十一届人民代表大会常务委员会第三十一次会议批准,其亮点主要体现在4个方面:①立法理念、核心思路从"城市管理"走向"城市治理",这在全国都是首创。条例综合了南京原有的40多部有关城市管理的法律法规中的一般规定和重要制度,是对原有法律法规的概括与总结,是其一般原则,也是城市管理的总纲,涉及建筑物、市政、绿化、户外广告、建筑垃圾、市容环卫、停车设施、道路交通、环保、物业、应急等11个领域。②明确了"推动公众参与城市治理"的立法目的和"公众参与、共同治理"的原则,在第二条明确城市治理实行"政府主导、公众参与",城市管理"是城市治理的基础性内容"。③第二章专章规定了"公众参与治理",包括个人参与、企事业单位协同治理、各类组织参与治理、社区参与、新闻媒体参与等,同时在相关章节中明确了公众参与的方式、程序和效力。④以"公众参与"为立法主旨，并据此重点设计了城市治理委员会制度，赋予其特定的法律地位，规范了城市治理委员会组织架构，并授权政府完善这一制度。

8.1.3　大数据治理时代（2019年至今）

重要标志：成立大数据管理局、加快推进城市数字治理工作方案。

2019年1月4日，南京市召开市级机构改革动员部署会，提出组建市级大数据管理局，将市政府办公厅、市发展和改革委员会、市经济和信息化委员会承担的大数据开放共享、产业发展、开发应用以及电子政务等管理职责进行整合，其中，城市数字治理成为大数据治理的重要内容。政务数据共享、数据治理创新应用、门户网站建设等列入全市高质量发展考核体系，由市大数据管理局负责考核。

2020年6月22日，南京市印发《加快推进城市数字治理工作方案》提出，以数据统筹、项目统筹、资金统筹、机构人员统筹为抓手，推进政务数据资源管理能力现代化，确定了南京市在有效解决"信息孤岛"方面走在全国前列的工作目标。编制《"十四五"智慧城市发展规划》、出台《南京市政务信息化项目建设管理办法》、加快组建南京大数据集团有限公司、推进政务数据资源开放应用、一网整合数据、一屏能观全局、一体应急联动、推进重点应用项目建设、建设数字基础设施、提档升级"我的南京"App、建设"城市之眼"智能感知平台、推进南京数字治理中心建设等十二项具体任务部署到具体部门，推动南京城市数字治理加速发展。

2019年4月1日，南京市发布全国第一部城市治理领域的地方标准《城市治理单元治理通则》（以下简称《通则》），被誉为《条例》的2.0时代。《通则》确定了南京城市治理标准"5＋X"模式——"5"即市政公用、市容环卫、园林绿化、环境保护、主体责任；"X"即每个类别单元的特殊要求。《通则》出台后，示范区的管理标准更加精细，以景区草坪为例，不同季节，草的高度、各类植物的修剪都有相应要求。"5＋X"单元治理模式的确立，意味着南京城市治理逻辑的转变，突出责任导向，在明确责任的基础上强调标准化要求，有利于标准落实①。相关部门在治理城市道路、街巷、河道、广场、工地时，文件、规范标准也升级为全市标准。

8.2 南京城市数字治理主要举措及成效②③④

8.2.1 优化数字治理体系，完善顶层设计

2012 年南京市发布《"十二五"智慧南京发展规划》（以下简称《规划》），明确了以"一大平台、六大体系"为核心的"智慧南京"总体架构。一大平台是智慧城市云计算服务平台，是"智慧南京"建设的核心基础。六大体系包括基础设施体系、应用体系、产业体系、资源管理体系、技术支撑体系和政策保障体系，是智慧城市的六大基础构件。《规划》提出"智慧南京"建设以创新城市管理模式、提高城市运行效率、改善公共服务水平、拉动智慧产业发展、提升市民生活品质为出发点和落脚点，以"夯实基础、突出应用、带动产业"为主线，按照分步实施、有序推进的原则，围绕电子政务、商务、事务"三大领域"，建设以"两卡一中心、两网一门户"为重点的一批应用示范工程。

2021 年南京市编制《"十四五"智慧南京发展规划》，把推进南京城市治理数字化转型作为"十四五"智慧城市发展的主攻方向。提出到 2025 年，南京城市治理数字化转型成效明显，城市治理智能化应

① 《南京出台〈城市治理单元治理通则〉为全国首部城市治理领域地方标准》，《东方卫报》［2019-04-02］，http：//dfwb.njnews.cn/html/2019-04/02/content_63283.htm。

② 《南京出台社区治理"1+4"文件 2030 年初步实现治理现代化》，人民网，［2018-08-09］，http：//js.people.com.cn/n2/2018/0809/c360302-31914593.html。

③ 《韩立明参加市政协专题议政会 以"数字南京"建设引领城市发展动能转换》，南京市人民政府，［2020-01-11］，http：//www.nanjing.gov.cn/xxgkn/jgld/hlm/wdgz/202001/t20200111_1770893.html。

④ 《市政府关于印发南京市数字经济发展三年行动计划（2020—2022 年）的通知》，南京市人民政府，［2020-04-29］，http：//jxw.nanjing.gov.cn/njsjjhxxhwyh/202005/t20200512_1872818.html。

用形成示范，基本建立国内有影响力的城市数字治理中心的发展目标。同时，把建设城市数字治理中心作为推动城市治理数字化转型的牛鼻子工程，构建数字化生产关系，探索建立长三角超大城市现代化治理新体系，打造"一网共治"城市治理新模式。提出南京市智慧城市发展"一个中心、三个领域、一个底座、四大保障体系"的总体架构。一个中心即城市数字治理中心，三个领域即数字政府、数字社会和数字经济，一个底座即城市数字底座，四大保障体系即工作推进体系、标准规范体系、安全保障体系和政策环境体系。

案例：南京城市运行智能化监测指标体系（详见附录）

南京通过构建城市运行智能化监测指标体系，开展城市运行体征研究和实时监测。突出数据实时动态特征，强化数据归集治理，依托物联感知数据和互联网数据，以及水、电、气、通信等公用企事业单位的公共数据，针对城市人口、安全发展、经济运行、交通出行、城市保障、社情民意、生态环境以及社会关注的重点、热点问题，完成城市运行监测指标体系的梳理，形成 100 个与城市运行监测相关的重点指标，全面、实时感知城市运行态势。

8.2.2　重点提升服务能力，"互联网+政务服务"成效显著

一是推进落实"一张网"建设成效显著。南京市在江苏省内率先上线了市级政务服务旗舰店，完成了政务综合管理平台的升级改造，形成了覆盖市区两级的"一站式"互联网政务服务平台。按照"三级四同"（省、市、区三级，名称、编码、类型、依据相同）的要求，实现了权力事项标准化和内容公开。于 2017 年 9 月底完成了江苏省 80%以上政务服务事项在线办理的目标要求。推行审批结果快递送达，充分发挥 12345 热线政务服务咨询投诉功能。2018 年研究出台《南京市优化营商环境 100 条》《对标找差、创新实干、打造"我的南京"升级版工作方案》等文件，实现"一网通办"总门户全程兜底服务。

二是"不见面审批"效能提升明显。南京市不断深化商事制度改革，通过外网申请、内网审核、内外网数据交换并反馈审批结果，实现了全程不见面登记的新模式，企业注册登记扩大手机客户端受理范围，运用"我的南京"App、"南京工商网"核名系统，降低准入门槛，激活市场活力。于 2017 年 6 月上线不动产登记平台，实现了"一次排队、一窗受理、一键缴费、免费快递"的一条龙服务。不断优化施工许可审批流程，出台了《南京市工业建设项目施工许可限期完成实施方案》，明确了各部门责任分工，优化压缩了施工许可办理流程和办理时限。55% 的受访个人，56% 的受访企业认为"不见面审批"改革实施后到政府办事比以前方便，对"不见面审批"改革成效比较满意。2019 年，南京市"不见面审批"办件量达 44.0 万件，比 2018 年的 21.8 万件增加一倍。2020 年，"不见面审批"改革加快推进，全市 55 个部门的 1846 个政务服务事项实现互联网办理，综合自助服务系统涉及 784 个民生、企业服务事项，打造了"一件事一次办"场景，基本实现线下审批流程生命周期全覆盖。

三是政务服务不断深化。2019 年启动"宁满意"工程，实现线上办事"一网通"、现场办事"一门通"、个人办事"一证通"、简易事项"一指通"、高频事项"一城通"、热点事项"一机通"、企业办事"一照通"、关联事项"一链通"、特色事项"一栏通"、重点投资事项"一事通"等。截至目前，南京全市已形成以不动产登记、工程建设项目并联审批、企业开办为代表的 626 个应用场景。

案例：南京市房产交易及不动产登记互联网服务平台

南京市房产交易及不动产登记互联网服务平台（以下简称"服务平台"）是南京智慧城市及信息化建设的核心项目之一，是集成现代信息技术、数据采集、网络传输、区块链技术以及多领域管理技术、多源数据融合、大数据分析的一项系统工程建设的关键技术研发、应用和示范，承载房屋买卖、遗赠、司法裁定等 40 余项涉房交易登记业务，在全国率先实现了房产交易登记"不见面审批"。服务平台积极探索新技术与交易登记业务融合，通过合理拆分、科学组合 19 个部门 25 个异构系统的各项功能，用 209 个接口、2000 余个字段、30 个区块链节点、86 个区块链智能合约，实现了与国家、省、市三级共享平台的跨层级、跨地域、跨部门、跨政企的数据共享。

服务平台自主设计了房产交易登记的微服务架构，拥有 10 个软件著作权，开创性地运用区块链技术，将人口信息、房产楼盘表、不动产登记簿有机匹配统一，对"人、房、地"建立数字公共账簿和"数字孪生"，综合运用人脸识别、融合支付体系、国密算法数据加密等技术，并深化设计移动端人机交互，一举破解了房产交易和不动产登记部门职能分设后各部门数据孤岛和业务衔接难的全国性难题，开创了多部门一平台联审办理的全新服务模式，让办事群众享受到"七个一"（一次取号、一窗申请、一套材料、一人受理、一键缴费、一网办结、一并快递）的智慧政务服务。

服务平台自 2017 年 6 月上线至 2021 年 7 月底，已办理房产交易登记约 119 万件，实收税费约 448 亿元，有 200 余个市（县）来访学习，其中已有上海、杭州、苏州、宜宾、马鞍山、太原、连云港、盐城等城市在当地推广南京经验，实践了本服务平台的部分应用。李克强总理考察智慧南京中心建设时，对该服务平台给予了高度肯定和表扬。

8.2.3　加强城市数据治理，挖掘数据价值

一是完善数据资源管理制度，加强政务数据考核评价。出台《南京市政务数据管理暂行办法》，对政务数据的规划建设、目录管理、整合共享、开放应用和安全保障等方面作出全面规定。制定《南京市政务数据归集、共享、开放实施细则》《自然人主数据规范》，解决各政务部门之间数据"信息孤岛"的问题，简化优化数据治理工作。出台《南京市政务数据归集、共享、开放考核评价办法》，作为部门绩效考评的依据，开展政务数据考核工作。

二是组织实施政务数据共享开放。进一步完善政务数据共享的外部申请流程和内部审核流程，提高数据共享效率。编制《南京市强化数据开放应用工作方案（试行）》，作为 2020 年市委 1 号文配套文件印发，进一步丰富数据开放的内涵和任务，加快政务数据开放。建设完善南京市政务数据开放网站，编制形成交通、环保类政务数据开放目录和责任清单。2020 年共为 30 多个部门提供约 400 个数据集的共享服务，重点保障了全市应急管理、疫情防控、营商环境建设等重点任务。

三是提升数据安全保障水平。编制《数据安全风险评估实施规范》，从数据安全角度，在政务信息化项目的立项申请、开发建设、验收评估全过程中，强化数据安全要求。编制《政务数据安全管理指南》，厘清数据安全和传统网络安全的区别和边界，明确数据安全管理的工作重点，进一步指导全市各政务部门加强数据安全管理，提升风险防控能力。开展数据安全调查评估。对"我的南京"App、市政府官方网站群等城市门户以及"实有人口动态监测平台""电子证照共享交换平台""公共视频联网共享应用平台"等涉及自然人、法人重要敏感数据的信息系统开展调研，重点针对"我的南京"App 和市政府官方网站群进行了详细的调研评估和问题整改。

四是探索基本公共数据服务化。保障可信数据管理平台、政务云公共能力开放平台、基于政务云的微服务监控和运营数据分析平台等底层能力支撑和业务应用系统的数据安全，秉持"数据安全主要是内生安全"理念，引入"零信任"安全范式，启动零信任技术平台建设、安全管理制度流程制定和安全监审工作机制建立等工作。积极探索建设大数据交易市场，充分发挥市场作用，打通数据流通的堵点和难点，充分发挥数据要素价值和服务能力。

案例：基于可信账户的基本公共数据服务

在数据驱动的公共服务提升过程中，面临两大基本问题，一是如何保障公共数据的合法合规采集、存储、流通和应用的问题，二是如何基于对数据本身的公共服务保障数据权力、提升基本公共服务水平的问题。

南京市大数据局在数据治理中积极探索创新，一是建立可信数据账户，保障公共数据安全合规。基于南京市统一身份认证平台及可信数据管理平台建设成果，充分利用区块链、数字证书、电子签名等技术，建设为数据共享和流通提供身份鉴证、授权、追溯、存储等通用能力的可信账户，为个人、法人提供安全可控、合法使用的数据资产管理工具。二是探索公共数据服务，拓展基本公共服务体系依托可信账户，不断完善公共数据资源体系，进一步围绕基本公共服务需求进行数据归集和治理，通过提高公共数据服务能力，主动了解群众需求，创新性探索将公共数据服务纳入基本公共服务，以数据驱动公共服务创新，提供智能化、精准化的新型公共服务内容和体验，提高市民幸福感、获得感、安全感。

8.2.4　完善数字基础设施，提升支撑能力

信息基础设施支撑能力快速提升。5G 基站累计开通 1.2 万个，千兆光纤网络实现城乡全覆盖，全市家庭宽带普及率超过 95%，电子政务外网核心网络带宽达到十万兆，骨干网络带宽达万兆。市级政务云建设取得进展，市政务数据中心（麒麟）已经基本建成，全市政务部门上云率达到 94.5%。

南京市于 2010 年开始启动以政务云为代表的数字基础设施建设。南京市政务云项目建设，以统一采购、统一建设、统一运维的模式为全市各部门提供政务云服务。第一阶段（2010~2014 年），南京市信息中心通过 Vmware 的虚拟化技术框架初步搭建了政务云的雏形，可对外提供虚拟服务器业务，虚机体量大约 500 台。第二阶段（2014~2019 年），随着国产云计算的不断成熟和发展，政务云也开始向国产化进行转型。在保留原有 Vmware 架构存量的基础上，引入阿里飞天云平台架构，构建了统一的云管平台，实现了异构云平台的统一管理，

虚机体量到达 4500 台。第三阶段（2019~2020 年），随着南京市大数据管理局的成立和《南京市政务数据管理暂行办法》的颁布以及南京市政务数据中心（麒麟）竣工落成，南京市政务云的建设面临着更高的要求。南京信息中心也因此对云平台从架构上进行了重新规划设计，从提供传统的虚拟化服务转向业务中台、数据中台、技术中台的能力建设，从满足硬件资源转向满足应用的开发能力支撑，全面提升了南京市政务云的价值。平台建成后虚机体量达到 8000 台。第四阶段（2020 年），随着数字政府建设的不断加速，大数据需求的不断增加，城市生态眼、新型公交都市等一批新形态互联网应用的诞生，对政务云支撑能力提出了更高要求，2020 年信息中心启动了新一代政务云的规划建设，着重加强支撑平台能力建设，提升对大数据、物联网、人工智能和空间地理信息方面能力的支撑，为推进智慧城市建设，推动城市治理体系和治理能力现代化打下坚实的技术基础。截至 2020 年底，南京市政务云已为全市 110 个部门 931 个信息系统提供了云计算、存储和基础软硬件设施和运维服务，目前具备 8000 台虚机的计算能力，实际开通虚机 5030 台、存储空间约 2913T，开通数据库表空间518 个，分配使用表空间存储 40.74T，分配互联网真实 IP 地址1292 个。

案例：南京城市运行智能化监测调度综合平台

围绕数据赋能，聚焦"数据驱动"和"城市数字化转型"，依托智慧南京已有建设成果，南京市大数据管理局按照动态实时、联动共治、持续迭代、智治支撑的理念建设城市运行智能化监测调度综合平台。充分利用物联网、人工智能、大数据、云计算等新一代信息技术手段对城市运行数据实时归集、治理和应用，实现对全市运行态势感知和各类风险的预警、分析、决策辅助和调度支撑，助力打造"一网共治"城市治理新模式。

1. 突出数据实时动态空间化，推进"一网整合数据"

建立数据治理工作专班机制。成立人口、企业、城市运行三个研究专班，围绕全市人、车、房、企业、水电气等城市运行要素，重点突出数据的实时、空间落地等要求，处理形成分类、分级、多源融合的指标体系。完成城市体征、经济社会发展、经济运行、公共服务、城市保障、城市舆情等板块的一级及细分指标。

2. 以多场景智能终端为载体，实现"一屏能观全局"

围绕不同场景下的使用需求，以大屏端、Pad端、手机端为载体，重点突出城市体征、综合指标、特色专题等内容的展示，实现城市总体运行情况的动态监测。从数据归集、治理、挖掘到"三屏"指挥调度，实现领导驾驶舱监测调度功能的全连通，形成"可监测、会预警、善分析、能调度"的三屏场景。

3. 以智慧消防平台为先导，支撑"一体应急联动"

与智慧消防大数据中心开展数据融合对接，重点对物联设备、消防子系统、灾害现场环境等消防基础数据进行汇聚、分析和应用，并融合安全发展其他数据，逐步完善城市安全全要素数据汇聚。

搭建城市安全运行一张图，围绕城市安全各领域的实时/准实时监测、分析统计数据，呈现全市安全相关感知、事件等数据的总览。同时，建设城市安全消防救援、安全生产、电梯特设、危化品、交通运输、住建城管、气象水文等场景主题，辅助领导对各场景相关城市安全的关键数据摸底。基于已对接的安全相关数据，协同即时通信工具，强化城市安全应急联动处置技术支撑，建设多端融合、即时通信、语音视频会议、电话会议等联动处置平台，初步实现应急联动指挥调度的功能。

4. 以政务云为基础，健全工具赋能体系

围绕城市运行智能化监测及调度需求，一方面依托南京市政务云已有的大数据基础平台、视频接入平台、GIS平台、AI基础平台等中后台，搭建技术架构；另一方面对相关技术及成熟产品进行深入研究，从适用性、拓展性、安全性等出发，采购数据可视化平台、时空数据管理平台等工具，构建城市治理工具支撑体系。在项目建设中完成工具的搭建、测试和评估，后续为各区数字治理提供工具赋能。

8.2.5　大力发展数字经济，促进高质量发展

当前，南京正围绕建设江苏数字经济发展先导区、长三角数字经济创新中心和数字丝绸之路战略支撑点目标定位，科学谋划、精准施策，大力促进数字经济发展。

1. 立足产业治理，数字经济治理水平显著提升

近年来，南京市持续推进产业结构调整和转型升级，出台了《南京市推进产业链高质量发展工作方案》，建立健全了"4+4+1"主导产业的发展体系，即打造新型电子信息、绿色智能汽车、高端智能装备、生物医药与节能环保新材料等先进制造业四大主导产业，打造软件和信息服务、金融和科技服务、文旅健康、现代物流与高端商务商贸等现代服务业四大主导产业，加快培育一批人工智能、未来网络、增材制造与前沿新材料、新金融、新零售等未来产业，取得了阶段性成效。在"4+4+1"主导产业体系基础上，南京市聚焦软件和信息服务、新能源汽车、新医药与生命健康、集成电路、人工智能、智能电网、轨道交通、智能制造装备等八大产业，提出全面实施产业链"链长制"。把"智慧大脑"嵌入高端制造业，让智能制造渗透到各行各业，在工业互联网、人工智能、工业软件、智能制造系统集成、高端装备制造、智能网联汽车等领域实现快速发展，举全市之力催生出越来越多的智能产业集群，完善了一个又一个智能制造生态链。发布《南京产业投资地图》，让全市招商服务资源"上云"，产业布局一图可览，以客商需求为导向，突出用户思维，注重客商体验，精心打造了一个集"产业发展现状、产业规划愿景、项目投资环境、板块发展优势、科技支撑服务、资源匹配展示、扶持鼓励政策"等于一体的综合信息化平台。

2. 建设创新名城，科创动力进一步激发

南京市锚定"建设高质量发展的全球创新城市"目标，提出在聚焦引领性创新型城市建设、深化科技体制改革、打造重大创新平

台、突出企业为主体的产业创新能力建设、优化创新空间布局、激发人才创新活力、深化开放合作创新、打造一流创新生态环境等 8 个关键点上发力出招，更大力度推动创新名城建设，促进科技创新与实体经济深度融合。2020 年南京高新技术产业实现工业总产值同比增长 9.2%，占规上工业比重 53.4%，比上年同期提高 2.7 个百分点。净增高新技术企业超 1800 家、总数突破 6500 家，入库科技型中小企业 10042 家、同比增长 50.2%，新增市级新型研发机构 113 家，孵化和引进科技企业 7248 家，建成并投入使用城市"硅巷"104 万平方米。

3. 统筹发展数字经济，智慧应用不断涌现

南京是全国第一个"中国软件名城"，涉软从业人员 82 万人，重点涉软企业 5300 家，涉软上市企业 120 家。驻宁高校大多开设了计算机、软件工程及相关专业，南京大学软件学院、东南大学软件学院为国家示范性软件学院。2019 年出台《南京打造软件和信息服务产业地标行动计划》，全面支持产业发展。2019 年，全市软件业务收入约 5100 亿元，产业规模位居江苏省第一、全国前列。南京出台《数字经济发展三年行动计划（2020－2022 年）》，提出以"数字产业化、产业数字化、数字化治理"为主线，推动数字经济与实体经济深度融合发展，以"数字南京"建设推进经济社会发展的"数字蝶变"，努力打造世界级数字经济名城。

在强大的软件信息产业和雄厚的数字经济支撑下，南京市的各种创新智慧应用不断涌现，让人耳目一新。在 2021 年南京市创新名城建设推进大会上，全市 12 个板块发布的 135 个应用场景，总投资 73.1 亿元，令人眼前一亮。2020 年 6 月 9 日，《南京产业投资地图》新鲜出炉，将拉近南京与投资者的距离，推动更多优质项目与产业链资源精准匹配，为产业结构优化助力，为高质量发展蓄能。探索建设"城市大脑"，打破数据孤岛，发展连接人、设备和服务的"智慧大脑"，成为南京未来城市的愿景。溧水区历时三年建成的智慧城市运营指挥中心和社会治理大联动中心，率先上线"城市大脑"。

8.3　南京城市数字治理主要不足

通过对南京市 30 个部门及企业的详细调研，发现南京城市数字治理在取得良好成效的同时，在理念变革、制度供给、标准体系、统筹谋划、治理结构、组织流程等方面仍存在一些不足。

8.3.1　理念变革未跟上时代变革的需要

第一，习惯沿用既往经验，存在路径依赖问题。如有人认为政府信息化建设只是信息化部门的问题，导致业务部门参与程度不高。有人基于以往的负面经验，认为信息系统只会增加工作负担，难以产生实际价值，因此产生抵触情绪；有的部门认为现有系统足以支撑业务，没有认识到数字化转型的必要性。

第二，对新理念认识不够，对数字治理的价值认识不足。对数字技术在工作模式变革、体系重构、构建服务型整体政府方面的重要意义认识不够充分。如不少部门表示存在对信息化知识和技术在自身工作中应用的认识高度、深度不足，主动服务社会治理创新意识不强。

第三，强调数据获取需求，忽略整体业务重构。部分单位过分强调以满足自身业务开展为核心的数据需求，存在"本位主义"倾向，对系统治理、整体治理重要性认识不足，导致数据共享零和博弈趋势增加，不利于基于协作的整体数字治理。同时，开展政府组织结构优化的认识不够、意识不强，没有意识到组织变革对数据饥渴的缓解作用。

8.3.2　制度供给未跟上治理创新的需要

第一，在数据利用方面，数据保护和数据权益相关规则不足。敏感信息和隐私信息的保护与数据利用的权限规定较为模糊，缺少法律依据和监管机制。如有的区表示从外部购买社会数据用于城市治理的数量较少，因为数据确权、交易仍未完全明确具体要求和边界，存在操作风险。同时，政务数据作为重要公共资源和公共资产的价值属性不明确，缺乏明确的政务数据权属规则，以及完善的面向市场的政务数据分级分类、数据脱敏、数据分发、数据标准化、数据资产评估技术方法，不能形成全社会协同的政务大数据开发利用格局，导致数据价值沉淀浪费。

第二，在政务数据共享方面，数据回流机制还不健全。在跨层级数据共享方面，相关支撑制度不够，不少部门表示与垂直部门的数据共享尤其困难，如国家、省一级不提供数据接口，无法充分实现政务服务全程网办。数据权的上收和治理任务下移导致的数据需求矛盾越发明显，部分区表示大多数的数据都留存在国家、省一级，即使数据来源于该地区，在数据的利用权限获取方面也需要向上级进行申请且程序复杂手续繁多，并且区级留存的数据越来越少，数字治理中数据需求与数据获得的矛盾不断增大。

第三，在数字安全方面，风险预警机制和监督管控制度有待建立健全。基础网络和数据安全制度和机制需要不断加强，如政务网络的接入安全、数据存储和传输安全等。网络和数据安全的管理制度和机制需要不断加强，部分单位网络和数据安全体系建设不可持续，如基层学校面临严峻的网络安全挑战。同时人工智能应用的负面影响及隐私保护尚缺少风险预警和管控依据。

第四，在项目建设方面，现有模式难以适应时代要求。现行项目立项审批、资金管理和绩效评价机制不适应信息化建设的快速迭代特征，使其难以快速响应需求和持续优化。在项目实施人才上，适应数字治理的专业人才缺乏，难以保障数字治理相关项目的高水平实施。

8.3.3　标准体系未跟上标准引领的需要

第一，在标准协同层面，存在标准体系顶层设计缺失和操作性标准缺失问题，标准间和标准内协同联动难。各类企业和个人的动态信息完整性、实时性欠缺，在业务过程中缺少有效的标准进行指引和规范。跨部门、跨层级标准协同联动不足，多数单位的标准化工作经验不足，需要构建全市统一的标准体系，关联多部门之间的数据，促进互联互通互信互认。在标准实施时，部分单位存在着并未充分遵循颁布的标准进行建设的问题。

第二，在业务标准层面，业务的多样性、关联性和复杂性对标准体系建设带来挑战。在一些部门业务类项多、独立性强、关联度差，工作对象、类型、层次、方法差异性大，难以通过一个或几个大型的信息化系统支撑全部业务，需要建立全市统一适宜的业务标准体系处理多种多样的业务类型。考虑不同业务的不同数据类型及其属性描述要求和共享开发需求，需要统筹考虑数据标准的跨部门应用一致性问题。

第三，在技术标准层面，主要存在业务信息系统标准体系各自为政、条块分隔、互操作性差的问题。多数部门未完成信息系统整合，国家、省和市多个信息化系统同时运行，各系统技术体系有较大差异，系统之间未互联、数据不共享。制定打通不同信息系统的标准协议规范是解决信息系统技术差异的迫切要求。

8.3.4 统筹谋划未跟上协同治理的需求

第一，在系统建设统筹方面，统筹质量还需要提高。业务驱动和资金驱动现象明显，各部门根据自身业务发展需要和自身资金保障水平推动其信息化建设和数字治理工作，一方面导致有些部门不断加大自身系统复杂程度，逐步形成信息孤岛和系统壁垒，另一方面有些部门的系统建设水平长期落后于实际应用需要。

第二，在能力支撑统筹方面，服务能力还有待提高。市级政务云、政务数据资源和共性能力支撑跟部门需求还有差距，在相关资源获取的便捷性、支撑能力上还有待提高。如部分单位表示在自身系统建设上，在软硬件信息化技术设施方面都需要市级政务云更有力的支撑。同时，各部门在系统建设中形成的数据能力和通用能力也未能与其他部门共享。

第三，在区域发展统筹方面，还需要均衡推进。由于各区域在重视程度、财力保障等方面的不同，造成全市不同区域推进数字化转型和数字治理方面差距较大。有的区域在系统整合、业务创新和典型示范上已走在全国前列，有的区域还没有专门的部门推进具体工作，基础的政务网络和政务云建设都还有不少差距。

8.3.5　治理结构未跟上多样治理的需求

第一，从多元参与角度来看，尚未形成政府、社会、市场共同参与的城市治理生态。企业、社会组织和市民公众参与城市治理的渠道不足，治理主体仍以政府为主，缺乏激活主体的有效政策。在南京当前的数字治理实践中，非政府主体的参与意识、参与频率和参与能力不高。

第二，从政府组织架构来看，还未形成实时数字治理的政府组织形态。政府的组织架构还是传统的科层结构，与数字治理需要的网络化、扁平化形态对照还有较大差距。

第三，从资源充分利用角度来看，闲置和治理资源（人力资源、技术资源、系统资源、数据资源、设备资源等）尚未形成有效的共享利用和输出机制，如志愿者调动、同类平台复用、设备工具共享等。

8.3.6　组织流程未跟上敏捷治理的需求

第一，条块分割的管理体制障碍仍然突出。跨部门信息共享依然存在部门割裂，导致政府各部门之间、各信息系统之间不能有效实现资源共享和互联互通。包括数据共享推进速度慢、少数单位数据交换工作尚未落实、已经交换的尚未形成长效机制、新部门尚未纳入交换体系、交换指标和数据项未能及时更新维护、数据交换缺乏统一渠道和简便流程等。

第二，组织流程亟待优化。一是业务层面联动性不强，存在简单将线下业务流程照搬到线上，而非根据流程优化理论方法进行改造，导致业务流程冗余，数据多头填报。二是流程优化浮于表面，没有触及对理念、原则、组织结构等传统体制机制的变革，本质上没有突破部门壁垒，仅仅是原本分散的办事人员集中办公。

8.3.7 数字效能未跟上引领发展的需求

第一，数据生产要素属性不够突出。数据产权不清，数据管理机制尚不健全，无法支持数据的高效共享和利用，数据要素优化配置能力受限，阻碍数字化经济社会发展。

第二，数字能力外溢效应尚未显现。未能整合数字政府建设成果，数字共性能力和基础设施不足且复用率较低，未能形成在领域和空间上的外溢和引领效应，对发展数字经济和建设数字社会未能起到良好支撑。

第九章

城市数字治理的南京方案

——"一网共治,创新南京"

9.1 愿景目标

面向南京城市治理现代化需求,提升政府行政能力、完善规则制度供给、保障数字安全公平、构建数字治理生态,以数字技术创新促高质量发展,以数字能力外溢促高能级辐射,以数字服务质量促高品质生活,以数字化转型升级促高效能治理,打造理念先进、制度完善、统筹规划、组织灵活、多元共治、领域互通、持续发展的"一网共治"南京城市数字治理品牌,为构建"强富美高"新南京提供支撑。

9.2 基本原则

坚持需求导向,以人为本提高治理水平。坚持以人为本,以管理服务需求驱动治理应用。坚持依法治理、依规治理、依需治理,实现城市数字治理效度、温度、尺度的统一。重点推进保障安全和改善民生的建设内容,提高市民获得感、幸福感、安全感。

坚持方法导向,推动系统化集约化共识化。针对城市数字治理复杂系统特征，突出改革创新，强化顶层设计，打造共性支撑，建立共识机制，完善基础设施，形成科学有效、多元参与、资源整合、均等集约的城市数字治理发展态势。

强化过程导向，打造全周期数字治理样板。针对城市治理的周期性特征，树立溯源思维和超前思维，协调规划、建设、管理、服务等流程，解决"大城市病"问题。

突出创新导向，实现数据驱动城市治理。推动新数据、新算法、新技术、新理念在城市泛在感知、信息互联、分析预测、决策执行和融合应用等方面的创新实践，实现数据智能驱动的城市数字治理。

9.3 基本路径

针对南京在数字理念、制度标准、数字能力、治理生态、组织流程、数字引领等方面的不足，以及"十四五"期间高质量发展、高能级辐射、高品质生活、高效能治理的阶段性目标，本书提出包含八项重点任务的南京城市数字治理的基本路径（见图9-1）。

9.4 主要任务

9.4.1 推动理念变革，开展顶层设计

针对南京数字治理理念尚不普及、成熟的问题，首先要加强城市治理和数字治理的理论研究，开展各类交流学习活动，在各级政府中实现治理结构、组织数字化、数字能力、业务流程、服务转型等方面的理念变革。

1. 治理结构方面要实现由单一主体向多元共治变革

传统政府治理实践中，往往由政府生产、提供公共产品及公共服务，同时进行社会公共事务的治理。随着社会资源的网络化配置，市场组织、社会组织和广大民众都可以有效参与公共事务管理和公共服务

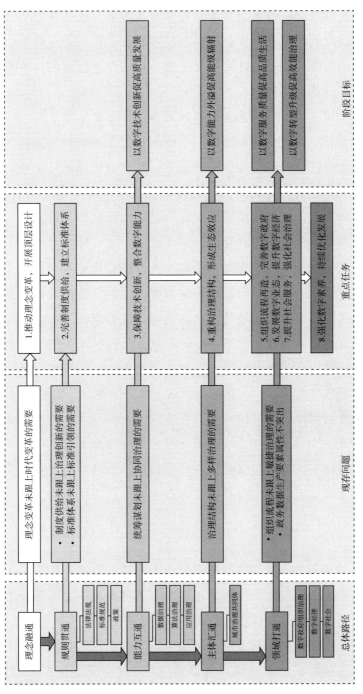

图9-1　南京城市数字治理基本路径

供给，主体之间的互动表现出大规模、实时化、自发性、社会化的协作特点，治理实践也越来越多地呈现政府、市场、社会在公共领域的协同共治。以此，需进一步发挥行政治理机制、市场治理机制、社群治理机制的功能优势，通过跨界互动和平台协作，协调各种资源实现价值协同，创造公共价值。

2. 组织数字化方面要实现由条块政府向整体政府变革

在信息时代大规模、实时化、个性化的公众需求和快速迭代、分布式、高度互联的现代信息技术冲击下，要突破传统科层制条块政府面临的困境，需要依托组织数字化推动传统管理体系的解构、重构，精简机构和层级，优化治理资源配置，提高政府整体回应能力，以实现扁平化和网络化的整体政府。

3. 数字能力方面要实现由业务驱动向数据驱动变革

数据是信息时代的生产资料和基本要素，数字治理对社会公共事务的管理是依托数据资源进行的精准治理，数据资源的有效运用是数字政府治理的逻辑起点。数字政府建设实质上推动了传统政府以流程、任务为中心到数字政府以数据、信息、网络为中心的转变。数字政府相对于传统政府来说，一个质的飞跃就是数字赋能，是数据驱动决策，而不再是数据辅助决策。

4. 业务创新方面要实现由离散治理向系统治理变革

要摆脱按下葫芦浮起瓢的传统治理困境，将城市治理视为一项系统工程，遵循城市发展规律和城市治理逻辑，把握城市治理的整体性和周期性，依托数字技术有效连接城市治理各子系统，构建与全局相一致又具有针对性的业务体系。

5. 服务创新方面要实现由管理型政府向服务型政府变革

以人民为中心是数字治理最基本的价值导向，一方面强调为人民服务的理念，围绕人民日益增长的美好生活需要提供优质的公共服务；另一方面要构建制度体系，使人民参与治理、人民监督政府、人民共享成果。通过数字治理"供给侧改革"，提高响应市民需求的效率、效能和效果，实现供需平衡，提高市民满意度和公信力。

6. 构建以管理保障体系和技术保障体系双轮驱动的城市数字治理
基本框架

以上述五大变革为基础构建南京城市数字治理框架。如图 9-2 所
示，南京城市数字治理框架包括基础设施层、区县街乡层、数据层、
共性能力层、业务应用层（乘务操作舱），以及上方的"领导驾驶
舱"、"乘客服务舱"和"资源供应舱"，形成管理精准、服务高效、
决策科学、共享开放的治理体系。

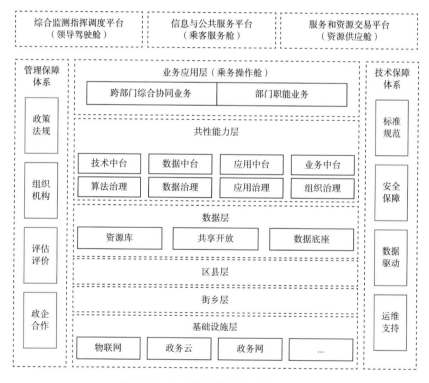

图 9-2　南京城市数字治理框架设计

其中，业务应用层是面向市级部门的各类综合协调和职能业务系
统，是城市运行过程中供"乘务员"开展各项业务的"乘务操作舱"。
"领导驾驶舱"是向市级领导提供仪表盘和方向盘等组件，集中展示
城市运行指标、各类事件信息、提供分析决策支撑并传达领导指令的

综合检测指挥调度系统。"乘客服务舱"是搭载市民公众和外来游客的"客舱",是提供信息查询和各类公共服务的统一通道。"资源供应舱"即城市治理资源交易平台,是面向市内外企业、社会组织以及外地政府部门共同参与和能力共享的平台,各类主体都可以在该平台上对接公共服务需求或治理资源需求,可以以现金或公共服务积分结算。

技术保障体系包括标准规范、安全保障、数据驱动与运维支撑;管理保障体系包括政策法规、组织机构、评估评价与政企合作;用以优化工作推进机制、建设标准规范体系、考核评估体系、技术管理体系和安全运维体系,形成数字政府统筹运行的新格局。

基础设施层以云、网、物联感知为重点,构建数字化转型的数字环境。数据层以数据为纽带,通过数据采集技术、数据共享技术、数据安全技术、数据安全标准等底层技术进行整合和集成,通过建设城市时空大数据底座和数据资源池,推动政府信息资源的整合汇聚和安全合法利用。共性能力层通过建设数据中台、应用中台、技术中台和业务中台提供通用数据、算法、应用和组织治理能力,实现标准化、集约化的共性能力建设。业务应用层按照部门职能业务和跨部门综合协同业务,构建民生服务、经济发展、生态保护和文化教育类智慧应用,推动整体协同、数据驱动的政务服务、营商环境、决策保障、协同监管类综合应用。

结合综合监测指挥调度平台(领导驾驶舱)和信息与服务平台(乘客服务舱)最终实现服务一体化、监管协同化、管理集约化、业务创新化、技术平台化、数据流动化,在数据共享、应用、开发中发展基于知识的社会和经济,并追求高价值的公共政策目标,推进经济、政治、文化、社会和生态文明环境全面协调发展。

9.4.2 完善制度供给,建立标准体系

1. 完善制度设计

针对南京数字治理制度供给不足的问题,开展数据治理、算法治理、应用治理和组织治理等方面的制度补充设计。

（1）数据治理方面。进一步完善数据全生命周期管理、数据资产管理、数据质量管理、数据风险管理、数据安全管理等数据治理相关制度，形成统一的数据治理规则体系框架。建立完善数据安全和隐私保护分级分类管控制度、风险预警制度、监督管理制度、评测和持续改进管理制度，为数据合理、高效、安全利用提供制度保障。

（2）算法治理方面。制定算法设计、算法研发、算法应用的标准、规则和透明度等方面的相关制度。建立算法问责机制，保障个体权利，包括算法解释的权利、更正或修改数据的权利、退出算法决策的选择权利等，避免"算法滥用"、"算法独裁"。

（3）应用治理方面。制定城市数字治理能力目录、数据资源目录和应用场景目录，加强全市数字治理基础设施的共享机制建设，制定现有系统整合和新建系统审批的统筹规划机制，制定鼓励市场和社会参与的建设、运营、管理制度，以及多主体评价考核制度，保证数字治理应用的经济性和有效性。

（4）组织治理方面。优化和完善组织数字化的制度供给，探索构建常态治理和重大事件治理相结合的数字化组织形态，建立组织协调机构，增强在权责、技术、数据、业务和服务等方面的综合协同治理规制。建立跨部门跨层级的数字治理责任追溯机制，明确平战有别、协同治理的责任机构、责任人员和责任清单。完善政府负责、多元参与、统筹规划、运管并重、考核奖惩的数字治理工作机制，制定相关激励政策和人、财、物保障机制。

（5）共识构建方面。基于区块链等共识技术和可信账户，建立考虑事务参与度和资源贡献度的公共权益共识规则。结合区块链技术的公开性、安全性和唯一性，建立各类主体共同参与治理事务的沟通、协调、信任、参与和交易机制，形成共识驱动的共建共治共享数字治理格局。结合城市信用信息公开、信用识别、奖惩引导，实现信用的可获取、可计量、可引导，为城市治理各类主体协同共治完善法律法规和道德规范之间可操作的共识机制，降低治理共同体的信任成本，提高协作水平。

国内外经验：数字治理政策法规

在数字治理的法律政策方面，国内外已有先进经验借鉴。欧盟从数据价值链的战略角度出发，建立了涵盖数据跨境自由流动、数据共享开放和再利用、数据安全和隐私、互操作和标准、新技术应用中的责任和伦理、基础设施建设和能力构建等立法和非立法要素构成的综合数据治理体系框架，并形成了具有创新性的数据安全治理规则体系框架。美国政府从保障高质量的数字政府信息和服务、提高美国数字治理能力、促进创新与政务服务的目标出发，形成了以《文书削减法》《信息自由法》《隐私法》等基本法律为保障，以管理和预算局、联邦总务署、总统管理委员会、共享服务治理委员会和业务标准委员会等机构为参与主体，以标准赋能、平台建设、AI 治理为手段，目标协同、主体协同、客体协同、过程协同和要素协同五位一体的"嵌入式"数据治理协同生态体系。新加坡政府从精治理念出发，形成了以"智慧国家 2025 计划"为引领，以数据资源为基础支撑，以《个人数据保护法》《公共部门（治理）法案》等法律法规为保障，以数字转型机构、数据保护机构为主体，以技术治理、AI 治理为途径的数据治理体系。

在国内实践中，2015 年国务院发布了《关于促进大数据发展的行动纲要》，提出了加快政府数据开放共享、推动资源整合、提升治理能力和推动产业创新发展、培育新兴业态、助力经济转型，以及强化安全保障、提高管理水平、促进健康发展三大任务。近年来，北京、海南、深圳先后分别发布了《北京市公共数据管理办法（征求意见稿）》《海南省大数据局管理暂行办法》《深圳经济特区数据条例（征求意见稿）》等与城市数据治理相关的政策法规，为促进数字城市建设过程中数据资源开放流动和开发利用提供了地方依据。

2. 标准化体系建设

针对南京标准规范体系不够健全的问题，应不断完善和改革标准体系，发挥标准化对数字治理实践创新的引领、固化和规范作用。

（1）提供标准工具，完善数字治理系列标准，建立标准化体系。完善数字治理的标准化顶层架构，为数字治理各项工作提供标准化路线和参考模型。针对标准动态性不足、跨部门跨层级联动机制不完善、治理规范粗放等问题，制定修订数据资源质量标准和数据共享利用标准，并将标准嵌入数字化管控的具体业务过程中，提升共享协调能力，以应对跨部门、跨层级、跨系统的业务处理需求。推进数字治理标准化体系建设，加快建立政府部门、事业单位等公共机构的数据标准体系和统计标准体系，推进数据采集、政府数据开放、数据共享与交换、数据质量、数据交易、安全保密等关键共性标准的制定和实施。

（2）强化标准意识，建立标准化工作机制。加强对政府部门、企事业单位工作人员的标准化工作培训，树立标准意识，提高标准化水平，抓好标准实施，发挥标准引领作用，最大限度利用标准参与数字政府管理。通过标准工作评估体系等工具，对标准化工作进行规范。加快制定重点数字治理领域监管目录、流程和标准，构建高效协同的数字治理监管体系，强化标准的贯彻执行和推广。开展标准验证和应用试点示范，建立标准符合性评估体系，充分发挥标准在培育数字治理服务市场、提升数字治理服务能力、支撑数字治理行业管理等方面的作用。

（3）积极参与相关标准编制修订工作。有序推动标准立项工作，整合现行国家标准、行业标准和地方标准，加快标准升级迭代和国际标准转化应用，提升南京数字治理的国内影响力和国际化水平。坚持和完善标准化工作方法论，采用自下而上的标准制定方法，通过用例收集分类，把数字治理应用场景和领域的先进做法和最佳实践熔炼成地方标准、国家标准或国际标准的用例示范，引导南京数字治理规范化发展，通过用例标准讲好数字治理的南京故事。

（4）扩大政府数字治理标准化效应。加快政府决策、执行、督查、反馈等数字化协同标准化步伐。健全市场监管数字化转型标准体系，结合信息系统建设，将监管要求固化为可量化、可执行、可追溯的全周期标准链和监管模式。推进大数据、互联网、云计算、人工智能、区块链等现代化信息技术标准化联动应用。加强政府数字治理标准宣贯和实施评价，打造政府数字化转型标准化样板。规范数字治理标准化项目建设与成果转化，提升数字治理标准话语权。

国内外经验：数字治理标准规范

标准化建设在国内外的数字治理实践中扮演着越来越重要的角色。2015 年 10 月，国标委、网信办、国家发改委三部委《关于开展智慧城市标准体系和评价指标体系建设及应用实施的指导意见》（国标委工二联〔2015〕64 号）发布。意见提出了智慧城市标准体系总体框架。目前已发布智慧城市国家标准 17 项，在研智慧城市国家标准 4 项。《中华人民共和国国民经济和社会发展第十四个五年规划和二〇三五年远景目标纲要》中提出加快数字社会建设步伐，建设智慧城市和数字乡村，以数字化助推城乡发展和治理模式创新，全面提高运行效率和宜居度，分级分类推进新型智慧城市建设。在国际上，与城市数字治理相关的物联网及应用、智慧城市、城市可持续发展的标准化工作开展得如火如荼，注重使用信息通信技术和其他手段来改善生活质量、提高城市运营和服务效率以及城市竞争力，同时确保满足当代和后代的经济、社会、环境和文化方面需求。国际标准组织对智慧城市标准化建设提出了面向愿景的多维治理框架、面向目标的多层互动框架、面向解决方案的多域应用框架和面向问题的全生命周期技术框架，致力于解决数字治理过程中的标准互操作性、兼容性和一致性问题。

9.4.3 保障技术创新，整合数字能力

围绕南京高品质发展目标，针对数字能力较分散和统筹部署不全

面等现状应大力推进技术创新，促进能力提升。

1. 成立城市治理数字技术实验室

研究人工智能、大数据、云技术、区块链、边缘计算、5G 通信等新一代信息技术在城市治理领域的技术创新和应用落地，为相关研究提供实验和成果转化条件，促进相关技术应用从简单的信息汇聚和感知识别拓展至智能知识发现和数据驱动决策层面，充分挖掘数字技术红利，提高城市治理精细化、智能化水平，实现创新驱动的高品质发展。

2. 完善数据治理能力

明确政府部门之间共享协同的责任和义务，积极推动政府数据资源可用、有用、好用、善用。加强信息安全等级保护和分级保护防护措施建设，建立政务信息资源共享和交换标准规范工作机制，推动政府数据统一接入数据共享交换平台，联通人口、法人、空间地理、社会信用、电子证照批文等基础信息库和业务信息库，支撑政务信息资源跨部门、跨地区、跨层级实时无缝全业务流程流动并依法依规向社会开放。

3. 提升算法治理水平

面向智能化城市治理要求，开展算法安全和能力治理工程，增强智能算法应用，避免算法安全危机。构建城市知识服务底座，实现知识驱动的智能支撑。

（1）开展算法能力治理。提高数据挖掘、机器学习算法在数字政府、数字社会、数字经济等领域、环节的应用水平。包括在城市感知环节，增加面向轨迹、文本、图像、音频等数据社会感知算法应用以感知居民诉求、认识城市规律、诊断城市问题和监测社会风险。在分析决策环节，加强不同类型城市事件和体征的关联分析挖掘算法应用，实现更精准的预测和源头分析。研究联动任务拆解、任务派发推荐等算法应用，实现处置力量最优配置。

（2）开展算法安全治理。明确算法作为治理手段而非治理主体的定位，增强算法的可解释性和运行过程的透明性，设计算法伦理并将其嵌入算法设计和运行过程。针对算法从开发到应用的全过程，构建体系完整、标准统一、权责明确、有机联系的法律规范体系，避免算法滥用、算法合谋、算法歧视、算法霸凌等风险。

案例：上海依托知识谱图提升政务服务效果

为消解"一网通办"情境下服务事项无序化、碎片化的知识关联困境导致的材料反复提交、数据不能充分共享、业务部门缺乏关联统筹等问题，上海采用了从知识图谱到政务图谱的演绎逻辑，构建了基于政务数据采集、政务信息抽取、政务知识融合和政务知识加工的政务服务知识图谱主要架构并开展实践，取得良好效果。

第一，政务图谱的应用在一定程度上实现了减材料的目标。通过信息抽取、实体消歧、聚类分类以及知识融合四个步骤，政务图谱基于事项、材料、数据的来源和使用关系，确定办事主体必须提交的材料，避免重复提交同一类材料。从政务图谱在上海市的实施效果看，2019 年上海市行政审批事项减少材料总数达到 11469 份，大幅提高了线上线下用户办事的效率。

第二，政务图谱推动了数据共享。数据图谱可以使人们清晰地观察数据是如何在政府各部门之间实现共享的。具体顺序是"数据的存储管理部门→部门数据库→数据字段名称→数据应用表单→表单应用的事项→事项的实施主体（部门）"，形成了数据从来源到应用的闭环，完整呈现出数据的来龙去脉。

第三，政务图谱推动数据动态更新。政务图谱本身是将部门、事项、材料、表单、数据、政策、法规等政务内容之间的内在关联关系进行了格式化、关系化、可视化。当办事指南的一处内容发生动态调整变化时，其他关联要素的内容很容易自动跟随进行调整。当部门、政策、法律进行动态调整时，也很容易参照图谱中事项、材料、表单、数据的归属关系，及时对相关内容进行动态调整，从而保证关联内容的一致性、准确性和及时性。

4. 提升应用治理水平

破除信息系统分散规划、分散建设、分散使用带来的建设失序、能力不均、数据隔离、效率低下等发展瓶颈。梳理全市各级党政部门现有数据、算法和系统资源，分析各部门业务运行、公共服务、社会治理等各方面的共性能力和通用平台需求，以政府统筹、社会参与的形式建设与现代化城市治理体系相适应的，为城市治理全周期业务提供基础、共性、多目的、可复用能力支撑的数字治理基础设施。例如一体化政务平台、云计算平台、大数据平台，以及统一网络支撑、统一身份认证、统一电子证照、统一电子印章、统一物流、统一支付、统一智能客服等支撑应用，以中台建设灵活适应终端业务变化，集约化支撑城市数字治理共性业务和技术需求，统筹解决数据共享整合问题。

9.4.4　重构治理结构，形成生态效应

围绕南京高能级辐射目标，解决共治生态圈尚未形成等现实问题。

1. 构建城市治理共同体

从社会控制、社会管理到社会治理的转变历程，是政府不断向社会放权、激活政府以外主体治理活力的过程。以数字治理为社会公众赋能赋权，为建立共同治理共识机制提供条件，扩大公众参与社会治理的可能性和可行性，规范群众诉求表达、加强利益协调、更好地引入市场和社会力量进行服务自给和事务自治，降低行政成本，提高社会活力，构建敏捷、协同、多样的城市数字治理共同体。

案例：基于"随手拍"的众治能力平台

针对城市治理的"堵点""难点""盲点"，南京市大数据管理局积极建设基于"随手拍"的"一网共治"能力平台。该平台建设倡导"人民城市人民建、人民城市人民管"的理念，以手机终端为载体，市民可以通过强实名认证的城市智能门户"我的南京"App、"南京的

我"小程序，像玩抖音、快手一样，只需要简单两步——"拍摄""上传"，就可以将南京这座城市的"AB面/正拍反拍"快速发现，政府采用积分激励机制，鼓励志愿者和热心市民积极参与到公共秩序管理、环境卫生管理、市政设施管理等城市治理工作中。平台运用大数据、人工智能、图像处理、短视频处理、隐私保护等新技术，将公众上传的内容与南京城市治理的不同领域进行实时智能比对、关联，为事件处置主体及时掌握城市运行问题线索提供新渠道、新手段，为实现政府和百姓的双向互动、有效建立政府和公民之间的合作关系提供能力支撑。平台从更宽领域、更多元诉求分析，智能感知社会偏好、预测研判社会风险、吸纳回应民意，推进南京建设成为人民满意的社会主义现代化典范城市。

2. 建设治理资源交易平台

基于市场设计方法，构建城市治理资源交易机制和平台，各类主体可以在该平台上对接人力服务、技术服务、系统共享、数据共享、设备工具共享等公共服务或资源需求。以现金或公共服务积分结算，盘活各类主体闲置治理资源，优化配置优势资源，避免多区域城市治理水桶效应，实现治理资源的整合利用。通过与城市信用管理平台对接，实现基于信用激励的企业、组织和市民的公共服务自给，助力共建共治共享的社会治理格局。

3. 构建城市信用管理底座

建设跨领域、跨层级、多主体、多目标的城市信用管理平台，为基于信用的社会治理提供征信服务。建设公共信用基础指标库、信用信息库和评价模型库，提供通用指标加个性化指标、通用模型加个性化模型的征信服务设计工具包。建设基于信用融合技术和区块链联邦学习技术的跨平台信用数据归集网络。建立以社会公共信用服务应用为核心，拓展至公共服务征信、商业服务征信、金融征信的跨平台城市信用综合服务体系。通过信用大数据挖掘分析，实现对信用激励约束机制的有效性评价、机制优化、信用预警、信用地图等分析功能。

延伸材料：城市信用与城市治理

城市信用属于公共信用，是以服务公共事务为目的的公共产品，具有信用公开、信用识别、信用引导、信用覆盖、信用技术等五大要素。

● 信用公开：满足各类主体对信用记录和评价信息的实际需求，实现跨领域、跨地域的信用信息共享，保障知情权、监督权，实现信用公开化。

● 信用识别：提供可计量的信用评价和授信服务，为各类公私事务提供差异化决策依据。

● 信用引导：以基于信用的奖惩机制引导信用主体在社会活动中保持合规、在经济活动中注重践约、在基本素质上持续诚信。

● 信用覆盖：将信用嵌入公共事务的方方面面，让信用信息全收录、信用服务全覆盖、信用理念全普及，提高全社会、全流程的诚信意识和信用水平。

● 信用技术：以人工智能、大数据、区块链等新一代信息和共识技术提高信用管理水平，保障信用信息融合、共享、安全和有效应用，促进相关技术和产业发展。

城市信用的五大要素分别为现代城市治理的人本化、服务化、多元化、系统化、智慧化五大特征提供支撑（见图9-3），尤其是以可计量的信用识别为城市公共服务的多元供给提供定量依据，能有效促进城市多元共治格局形成。

4. 推动区域数字治理共建

基于数字能力外溢效应，以数字治理辐射区域发展。积极探索与周边城市形成数据互通、监管互认、服务互联、产业互补和文化互动的数字合作氛围。

（1）数据互通。推动政务数据跨地域、跨领域互认，以数据共享促进横向合作的流程优化和业务协同。

（2）监管互认。依托数字治理加快推进落实沪苏浙皖三省一市"营商环境联建、重点领域联管、监管执法联动，市场信息互通、标

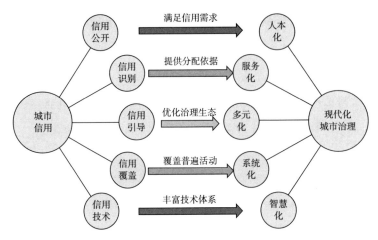

图 9-3 城市信用与城市治理架构

准体系互认、市场发展互融，逐步实现统一市场规则、统一信用治理、统一市场监管"的"三联三互三统一"工程。

（3）服务互联。依托全国一体化政务服务平台，加快推进政务服务跨域通办，解决企业和群众异地办事难题，促进区域一体化发展。

（4）产业互补。大力推进数字产业化和产业数字化，依托比较优势在产业分工、产业关联、技术联系等方面促进数字经济要素充分互补，实现区域产业资源的最佳效益，推动共同发展。

（5）文化互动。一是依托数字技术加强地方特色传统文化交流，提升区域数字文化资源共享水平；二是依托新兴数字文化，提高区域公众数字素养，引导公众参与跨地域数字治理，以文化融合促进治理融合。

9.4.5 组织流程再造，实现动态治理

围绕高效能治理目标，解决政务部门传统条块式组织架构造成的网络不联通、系统不贯通、数据不汇通等现实问题，基于数据和知识驱动推动组织结构和流程优化，实现数字化组织的动态治理。

随着政府业务数字化的基本完成，向智慧化、生态化和数据驱动转变的数字化全面转型已成为当前城市数字治理的关键环节。要成立

能够有力统领数字政府建设的组织管理机构和执行机构，树立用户思维，坚持需求导向，从整体、协同和有机的角度梳理部门职能和治理需求，明确数字政府建设各部门职责，形成职责明确、纵向联动、横向协同、共同推进的政府数字治理工作格局。

构建数据驱动、平战结合的政府职能动态分析框架。面向城市运行不同状态，基于政府职能分工，逐级逐条进行整合、梳理、集中和线上线下一体化等组织架构再造工作。汇总各部门及各区实际开展的业务内容，开展裁剪、并归、简化、重组、叠加等组织流程优化工作，建立政府职能运行框架。基于依法行政和商事制度改革等要求，对照政府职能分析框架与政府职能运行框架，建立完善数字治理参考模型及其更新、维护、管理机制，最终构造扁平化、共享化、透明化、动态化的城市治理组织架构，以及跨组织流程融合优化的新业务模式，从而减少冗余管理，提高执行能力，实现对治理需求的快速响应，促进由管理型政府向服务型"数字整体政府"转变，提高治理效能。

案例：整体流程再造提升"一网统管"水平

上海市运行的"一网统管"不仅是技术手段创新，更是管理模式创新、行政方式重塑、体制机制变革。现阶段的政务服务不是一个部门或地区的单打独斗，而是多部门、多层级、多区域的协同合作。在此背景下，"一网统管"提出要对跨部门、跨层级和跨区域的办事流程进行整体性重构，以线上信息流、数据流倒逼线下业务流程优化创新。对跨层级之间的协调分工和相互配合，上海城市运行管理服务平台建立了"三级平台、五级应用"的运作体系，让城市运行有了"大脑"支撑，区里有"中脑"，街镇有"小脑"，村居也有了"微脑"。三级平台主要是市、区、街镇三级，市级平台为全市提供统一规范和标准，区级平台发挥枢纽和支撑功能，强化本区域个性化应用的开发和叠加能力，街镇平台则妥善处理本辖区的具体治理问题。五级应用是在市级、区级、街镇应用的基础上，进一步细化覆盖到网格应用、小区楼宇应用等领域。

在跨部门和跨区域协同上，上海市通过对申请条件、申报方式、受理模式、审核程序、方针方式和管理架构实行"六个再造"，实现部门业务协同能力和服务水平的全面提升。改革前最大的问题在于信息不能有效共享，一些政府部门将自己所掌握的数据和信息视为部门财产，不愿共享，从而形成政府各部门、各层级间的信息壁垒。跨部门、跨层级和跨区域的整体流程再造进一步打破了行政壁垒、信息割裂和流程断裂，让不同地域、不同部门和不同业务的工作人员达成有效的沟通、共享和协作，实现地域之间、部门之间和上下层级之间的一体化与无缝隙对接。这也符合林登提出的"无缝隙政府"理念，以一种整体的而不是各自为政的方式提供服务，打破传统的部门界限和公共服务功能分割局面，充分整合行政管理资源，将各个部门及其职能进行无缝隙衔接，提高服务供给效能。

9.4.6 发展数字业态，提升数字经济

针对数据资产属性不突出、价值挖掘不充分的问题，要着力做好两件事。

1. 发挥数据生产要素优势，推进数据资产化

建立数据资源产权、交易流通、跨境传输和安全保护等方面的基础制度和标准规范，推动数据资源开发利用。大数据技术的发展、数据资产化的广泛应用和消费需求的变革，催生出了共享经济、平台经济等新业态、新模式，政务数据和商业数据的融合开发，有助于深度挖掘城市数据资源的潜在价值，催生新型商业模式，反哺城市治理。因此，要推进数据确权、开放、共享、交换和利用的规则确定，完善数据权责利体系，强化政府数据的资产属性，促进政府数据资产的价值变现，形成政府、企业和社会协同开发利用政务大数据的格局，实现多主体之间的协同联动、合作开发。

2. 进一步改善营商环境，推进数字产业集群建设

提供更多税收便利优惠，简化审批，持续推动"放管服"改革，

提供创新机制的土壤，推进数字产业化和产业数字化，推动数字经济和实体经济深度融合，打造具有国际竞争力的数字产业集群，提升数字竞争力。在城市数字治理领域探索混改等市场化改革方式，引入市场能力为城市数字治理核心业态（政府）、关联业态（软件开发、信息服务等数字产业）和衍生产业（数字文旅、数字教育等数字融合产业）提供围绕数字化转型的平台化共性服务，汇聚产业信息，促进产业转型。同时，为相关监管机构提供数字化监管途径。

9.4.7　提升社会服务，强化社会治理

围绕南京高品质生活和高效能治理需求，注重提升两种能力。

1. 提高数字服务能力

城市服务是城市公共产品的重要部分，是城市品质的重要体现。现代化城市治理以公共产品供给总量的增加为重要目标，改变以往"以管代服"的传统管理模式，实现公共利益最大化。数字治理不仅仅有助于地方政府精准把握人民群众对美好生活的需要，更有助于根据群体差异、需求差异、供给方式差异，实现公共服务的精准化供给，提升公共服务的供给效能和供给质量。南京"不见面审批"等"互联网＋"政务服务改革成效突出，应进一步以人为中心，以服务为导向，以数字化为工具，以参与式服务为理念开展数字服务设计和供给，进一步提升教育、医疗、住房、社保、民政、扶贫、生育、户籍、旅游、交通、办证、环保、法律等方面的公共服务水平，提高城市生活品质。

2. 通过数字赋能和数字赋权，提高社会治理能力

在数字赋能方面，将人、地、物、事、组织及其变化信息互联互通，形成城市治理大数据并进行建模分析和精准预测，准确识别城市治理风险点，实现精准治理、提前治理。在数字赋权方面，通过移动互联网等渠道保障公众知情权、参与权、表达权和监督权，推动社会群体及其利益的再组织化，同时将弱势群体的诉求和利益纳入城市数字治理的考虑范畴，提升数字包容性和均等性，针对无法获取和利用数字化服务及信息的群体，可提供可替代性的治理方案。

9.4.8 强化数字素养，持续优化发展

1. 开展数字素能提升工作

建设数字教育基础设施，加强数字教育资源供给，支持数字职业技能培训，降低数字服务接入门槛，提升市民数字素养，消弭数字鸿沟。

2. 开展数字治理效能评价

构建科学、合理、常态化、跨层级的数字治理评价体系，检验数字治理水平，引导数字治理发展，加快经验交流推广，发挥"风向标""指挥棒""试金石"和"扬声器"的作用，为城市数字治理不断纠偏和优化发展提供依据。

3. 鼓励区级政府开展自主创新和试点示范

市级政府出台纲领性政策，向下级政府适当放权，鼓励各区积极开展面向城市数字治理的理念创新、技术创新、应用创新、模式创新和制度创新。根据各区创新实践经验和效能评价结果，横向推广成功经验，纵向由市级政府调整政策目标并形成完整的政策体系，进而由点到面实现全面推广落实。

4. 加强数字治理品牌建设

联合知名企业、高校和研究机构，研究本地数字治理实践经验，总结成效，挖掘问题，持续优化。对外积极输出数字能力，分享成功经验，打造本地数字治理品牌，实现优质资源的积聚效应和优质能力的外溢效应，为区域发展贡献本地力量。

9.5 构建"平战结合，一网共治"的数字治理中心

9.5.1 总体思路

构建以"五个坚持"为基本原则、以"四个促进"为目标定位、以"四个平台"为概念定位和以"四大职能"为功能定位的南京城市数字治理中心，以人本思维、赋能思维、整体思维、动态思维突破传

统城市治理敏捷性、协同性和多样性三元困境，以数字治理持续提升南京城市治理水平，打造"一网共治"的南京数字治理品牌，为实现"强富美高"社会经济发展目标和建设"创新名城、美丽古都"提供数字化支撑。

9.5.2 基本原则

坚持党建引领。正确认识城市数字治理的必要性和紧迫性，树立对党负责、对人民负责、对一方水土负责的坚定信念，以办实事、求实效、敢担当的基本态度推进城市数字治理中心建设。

坚持以人为本。以为人民服务为中心，把握好城市数字治理的温度、效度和尺度，注重数字参与，避免数字鸿沟，提升数据安全，切实提升人民获得感、幸福感、安全感。

坚持数据赋能。不替代、不包揽各级各部门的日常工作，做好政府领导、职能部门和各类社会主体的需求对接，为各类管理和服务工作提供数字化支撑，赋能各治理主体提高数字治理效能。

坚持整体协同。坚持高位统筹、部门联动、层级协同、社会合作，构建灵活有效、整体响应的弹性组织和治理框架。

坚持平战结合。面向城市"平战"治理的不同需求，以组织数字化等方法形成"平备战，战保平"的动态治理能力。把日常数字治理能力建设作为重大事件综合处理的基础，通过对城市级综合事件的演练和实战，来检验日常的治理效能。

9.5.3 目标定位

促进数据驱动，以数据生产力提升治理敏捷性。完善基于数据驱动的敏捷决策、敏捷执行和敏捷监督能力，让政府能够利用海量、多维的城市大数据建立起更加全面的监测和评估体系，不断创新城市应用，实现以需求驱动为目的、以职能驱动为过程、以数据驱动为生产力多种驱动的城市治理，提升对城市发展、运行、服务和突发事件应对需求等的响应能力。

促进整体治理，以数字赋能优化治理协同性。构建以目标协同、要素协同、业务协同为主的整体治理模式。通过业务建模等数字化方法找到薄弱环节并持续改进，促进治理结构优化和流程再造，以数字化赋能加快信息流转，提升分析能力，降低交易成本，统筹规划建设，突破部门壁垒，消弭能力差异，构筑顺畅的联动协调机制，实现各类管理体系的深度融合和跨层级、跨部门、跨主体的协同治理。加快制定和完善数字治理、数据权益、保护、流通及利用相关标准的规范与制度，完善数字治理制度供给。完善城市治理理念供给，推动形成制度保障下的可持续治理。

促进多元共治，以数字赋权构建治理多样性。面向主体多样化、需求多样化、方式多样化的发展方向，打造政府有为、市场有效、社会有信的城市治理共同体。依靠数字技术，提高公众、企业及社会组织获得信息、参与表达和采取行动的社会实践方式，提升多元参与能力和资源配置效率，完成数字增权，革新城市治理生态结构，实现共建共治共享的城市治理生态。

促进实战应用，以实战效果保障治理时效性。以实战导向加快协同提升各领域数字治理水平，以重大事件的应对来检验整体数字治理建设实力。加强数字治理在各领域综合事件处置中的演练，在实践中不断发现问题、解决问题，提高数字治理实战效果。

9.5.4　治理中心定位

城市运行综合决策的支撑平台——为政府主要决策者实时全面掌握城市运行态势和开展综合决策提供支撑。

城市管理能力提升的支撑平台——为部门提高数字治理能力、获得数字化治理工具和数据提供支撑。

城市突发事件管理的支撑平台——在城市运行发生重大风险和事件时，支撑城市级基于数字化的突发事件管理需求。

多元主体参与治理的支撑平台——为市场和社会力量更好地参与城市治理提供渠道和工具，支撑城市治理的多元化。

9.5.5　职能设计（见图 9-4）

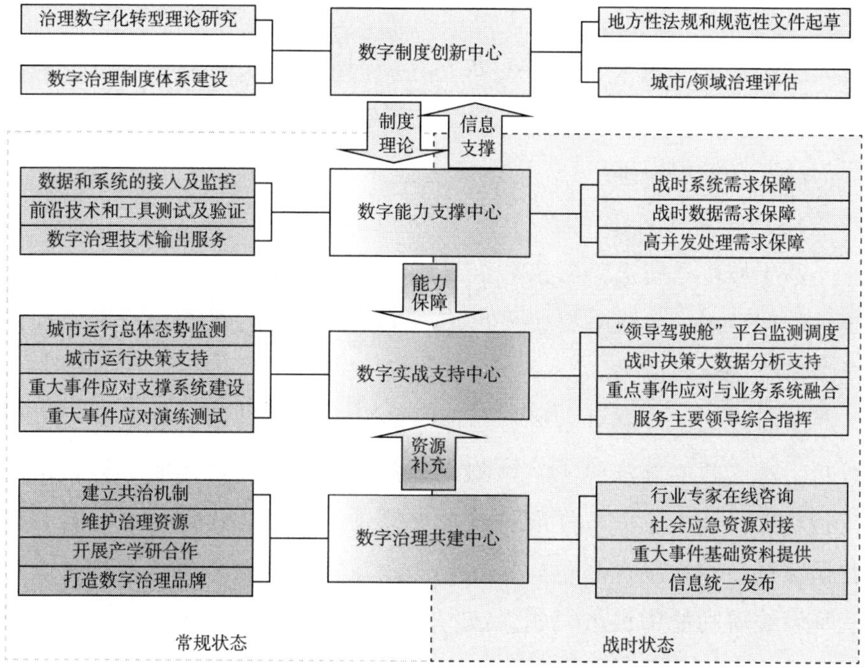

图 9-4　南京城市数字治理中心"平战结合"职能设计

1. 数字制度创新中心

在制度层面，提升规则治理能力，促进制度创新；研究组织结构优化、业务流程重构等城市治理数字化转型相关理论，定期发布研究报告；研究数据驱动城市治理，推进城市数字治理相关制度体系建设，参与起草相关地方性法规和规范性文件，为相关部门制定数字治理制度规范提供支撑；开展城市数字治理水平评估和领域数字治理评估，参与数字治理相关标准制定。

2. 数字能力支撑中心

在技术和资源层面，推动数字技术在城市数字治理中的应用，保障数据驱动城市治理。

平时状态：开展持续的数据和系统接入，对接入的数据质量和系统运行情况进行监控；开展大数据、区块链、人工智能等相关技术和工具测试和验证；开展技术需求对接，为各领域数字治理提供数字技术输出服务。

战时状态（重大事件应对状态）：保障战时状态需要的系统和数据能满足治理需求；保障大数据、人工智能等相关技术能满足战时状态的高并发处理需求。

3. 数字实战支持中心

基于城市运行态势的实时全息感知和综合指挥调度体系，为重大事件的城市级综合应对提供平台支撑能力，把部门级的应对能力提升至城市级的应对能力。

平时状态：开展城市运行总体态势监测，围绕重点领域开展专题分析，基于智能算法的风险预测和态势评估，提供常规城市运行决策支持功能；开展重大事件应对技术支撑系统建设，建设城市运行智能化监测调度综合平台和包含事件报送跟踪系统、融合通信系统、资源管理系统等功能的城市操作系统；在重点领域开展基于数字治理的重大事件应对演练和技术测试，提高业务和技术的协作能力，提升城市重大事件应对能力。

战时状态：城市运行智能化监测调度综合平台"领导驾驶舱"，根据战时状态需求，对相关数据进行定制化的监测和分析，提供战时决策大数据分析支持功能；启动城市操作系统，将重点事件对应的相关功能和各部门、各层级业务系统进行叠加，服务市委市政府主要领导指挥相关部门和各层级单位开展综合指挥调度。

4. 数字治理共建中心

在治理结构层面，通过提供渠道、建立机制、科技支撑，激发各类主体参与治理的活力，盘活社会智力资源，促进多元共治和可持续治理。

平时状态：运用区块链等共识技术，建立政府与社会各类主体的沟通、协调、信任、参与和交易机制，引导各类主体逐步有序参与治理决策和资源、服务供给，保障多元主体数字治理体系依法依规安全顺畅运行；积极探索数字治理政产学研用合作模式，维护相关企业资源、专家资源和教育资源；在文化和影响力层面，开展数字能力培训，通过数字建模、虚拟展厅等技术和各类活动宣传南京数字治理文化和理念，分享城市数字治理经验，提升数字能力教育和数字文化交流水平及能力溢出效应，打造有影响力的南京数字治理品牌。

战时状态：在线实时组织相关专家对重大事件开展会诊，为指挥人员提供决策咨询；对接社会各界治理资源，调动全社会力量支撑重大事件的应对；为重大事件引起社情民意的应对和处置提供基础资料。

9.5.6　机构和组织体系

1. 机构设置

南京城市数字治理中心是推动南京城市数字治理的职能部门。中心设主任 1 名由市委副秘书长担任，设常务副主任 1 名由市政府副秘书长担任。市大数据管理局副局长、市公安局副局长、市政府研究室副主任、市应急局副局长、市水务局副局长、市卫健委副主任、市大数据中心主任任兼职副主任。

2. 内设部门

南京市大数据中心加挂"南京城市数字治理中心"牌子，负责南京城市数字治理中心日常工作；设立数字治理制度研究处、重大事件技术保障处和基层网格信息处（见图 9-5）。

（1）数字治理制度研究处。负责城市运行总体态势监测、数字治理理论和制度研究及数字治理推广工作；承担数字制度创新中心和数字治理共建中心职能。

（2）重大事件技术保障处。负责提供若干座席，保障公安、消防、城管、应急等部门系统和指挥平台的实时接入使用和信息的互通以及重大事件指挥调度系统技术保障；开展城市运行常态化的运行监测；承担数字实战支持中心职能。

（3）基层网格信息处。负责为各级基层网格提供城市数字治理通用工具、网格标准和基础数据支撑，向全市各级各部门提供数字能力推广工作；承担数字能力支撑中心职能。

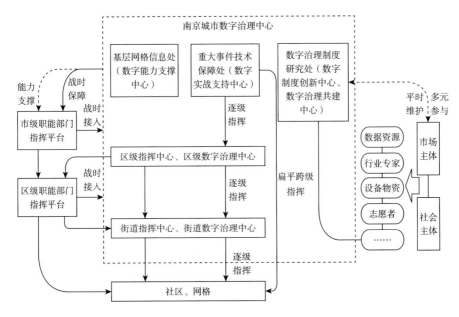

图9-5　南京城市数字治理中心管理框架

3. 组织体系

建立市、区、街道三级数字治理中心体系。

（1）南京城市数字治理中心。接入但不替代各委办局和各区现有指挥平台和治理体系；开展定期的重大事件数字化支撑场景设计和技术演练，提升系统、数据和业务支撑能力；开展城市数字治理预备资源和能力建设，提升突发状态保障支撑能力。

（2）区级城市数字治理中心。根据自身实际建立，统筹应急处置、安全稳定和城市发展等区级数字治理指挥体系和平台，发挥城市数字治理主阵地作用，实现区域内数字治理综合指挥调度、联动指挥和事件处置。

（3）街道数字治理中心。接受上级数字治理中心指挥调度，全面整合本区域应急指挥、社会治理、数字化城管、12345政务热线等职能和系统，直接处置本区域范围内的事件和具体工作。

9.5.7 平战转换机制

1. 战时状态的触发

（1）主动触发。各领域根据自身工作需求，经研判该项工作在特定时间内需要多个部门联合行动，并需要城市整体应对时，报经市委市政府同意后启动战时状态。

（2）被动触发。各领域在职责范围对进行日常管理，发现随着事态的发展，单个部门已无法妥善应对，需要多个部门联合行动，并进行全市层面的整体应对时，报经市委市政府同意后启动战时状态。

（3）第三方触发。城市运行智慧化监测调度平台或其他第三机构，通过监测发现某项工作依靠单个部门已无法很好应对，与主要负责部门协商后，报经市委市政府同意后启动战时状态。

2. 战时状态的运行

（1）战时组织机构运行。南京城市数字治理中心启动城市级综合指挥调度功能，服务市委市政府主要领导开展指挥调度，指挥三级联动指挥体系开展事件处置。市委市政府主要领导进驻南京城市数字治理中心，重大突发事件涉及主要部门进入南京城市数字治理中心驻场办公，各委办局、区、街道和社区现有指挥平台和治理体系纳入南京城市数字治理中心统一指挥，城市数字治理预备资源和能力一并纳入指挥体系。

（2）战时技术平台运行。重大事件涉及的专业系统、城市运行智能化监测调度平台和城市操作系统相关功能协同运作，形成专业系统和综合系统相结合的战时技术支撑平台体系，支撑城市级重大事件应对。

（3）战时工作流程运行。根据重大事件处置规范、预案以及日常演练经验，南京城市数字治理中心运行战时工作流程，对城市重大突发事件进行指挥调度。

3. 平时状态的恢复

在重大事件运行结束后，或重大事件的应对已取得明显成效，经重大事件触发启动单位评估，报经市委市政府同意后恢复平时状态。

9.6 建设城市操作系统

城市操作系统是面向城市运行管理的物理世界与数字世界的连接器，是城市数据获取、管理、分析、展现的中枢，也是加载城市管理各类应用的容器。城市操作系统搭载在城市数字基础设施之上、智慧城市应用之下。向下连接和调度城市中的硬件设备、数据资源、公共组件和信息接口，支持各类城市管理应用的运行和协调联动，通过提供任务管理、资源管理、用户接口等基础能力，为城市管理应用和业务系统提供操作底座，提升其在重大事件应对中的能力。

通过数字治理中心城市操作系统的底座化设计，在战时状态启用不同领域城市管理模块，同步提供基础性功能和通用应用，实现战时的扁平化组织变革和流程再造，支持快速响应、协调联动的应急指挥。在平时状态则不介入其他领域日常业务，仅提供实时监测分析、模拟演练等基础性功能，实现平战结合的工作模式。

9.6.1 通用应用系统

1. 城市运行智能化监测调度综合平台

城市运行智能化监测调度综合平台是通过构建快速赋能的工具中台，以数据实时动态空间化为重点，打造集城市运行状态全息感知和战略规划设计、总体态势研判、战时指挥调度等功能于一体的"领导驾驶舱"。在梳理现有政务数据资源的基础上，围绕实时直观获取城市运行态势的需求，在经济运行、社会民生、城市保障等方面形成各项指标（见附录 南京城市运行智能化检测指标体系），完善城市运行态势全息感知和各类事件预警、分析、研判等功能。通过城市运行数据的归集、治理和分析，初步实现基于大数据分析的城市运行监测调

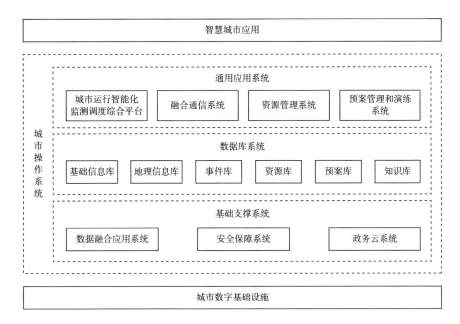

图 9-6　城市操作系统框架

度应用，为领导决策、行业管理和公众服务提供数据支撑。

2. 融合通信系统

融合通信（Rich Communication Suite，RCS）是指通信技术和信息技术的融合。通信技术类的业务是指传统电信网的各类业务，如电话业务、短消息业务、呼叫中心业务等。信息技术类的业务是指 IP 类的各种业务，如即时通信业务等。视频和应用共享类业务，如视频监控业务、信息共享业务、下载业务。互联网业务，如电子邮件业务、语音邮件业务等。信息加工类业务，如电子商务、信息查询等。RCS 是新一代消息服务国际标准，据此打造的新一代信息服务平台可以让"信息即平台、用户即客户、终端即应用"成为现实。

针对语音、视频、数据融合及应急指挥通信保障等业务需求，建设融合通信平台。通过与无线通信系统、公共电话系统、视频监控系统、视频会议系统、相关地理信息系统等系统对接，实现语音、视频、数据的融合及业务系统和通信系统的解耦，向下实现有线、无线、卫星、互联网等系统的统一接入，向上提供标准接口，为应急指挥提供强有力的通信保障，助力提升应急指挥能力。

3. 资源管理系统

建立保障城市运行各类人员、装备和物资等资源的目录管理和实时更新机制及系统，对城市运行资源和救援队伍、行业专家、储备物资、救援装备、交通运输、通信保障和医疗救护等应急资源动态管理以及应急指挥调度提供保障。

4. 预案管理和演练系统

管理和维护各类跨领域、跨行业、跨层级重大事件应对预案，支持真实模拟演练场景。采用计算机程序和三维动画、事件模拟场景等方式，把"卡片式"预案进行有效嵌套，按时间发展推演新的演练模式，真正验证预案的有效性和可操作性，提高应急救援效率和质量。系统将有效整合仿真建模和数据资源管理技术，通过配置仿真模型、用户操作界面和部署仿真场景，便捷地构建面向特定事件预案的模拟演练系统，实现对突发事件处理的多角度、全方位的演练，达到应急预案启动程序简单、易行、可操作的目的。

9.6.2 数据库系统

结合智慧城市建设和大数据中心建设成果，不断强化数据共享机制，提升数据治理能力，在现有基础库和主题库基础上，统一维护面向重大事件的基础信息库、地理信息库、事件库、资源库、预案库和知识库。

9.6.3 基础支撑系统

与现有政务云能力进行对接，构建支撑、调度和监控通用应用系统和领域应用系统的基础支撑系统，包括负责维护战时状态下数据整合、应用集成、服务融合的数据融合应用系统。保障信息真实、留痕、可追溯的区块链系统，以及可自由分配系统资源的政务云系统等。

9.7　打造城市时空大数据网格底座

城市数字治理离不开空间数据底图的支撑。空间数据底图是指支撑空间数据引接、汇聚、计算与表达的各类空间数据基础图和相应的数据库系统。传统空间数据底图包括 GIS 数据底图、遥感栅格数据底图、倾斜摄影数据底图及建筑信息模型（BIM）数据底图等。但各类底图间缺乏统一框架，不能形成有机整体，难以承载海量数据。同时二维化的表达方式无法有效应对大数据时代数字孪生的应用需求。随着大数据时代的发展，迫切需要发展一种既能继承现有数据、又能打通各部门数据、还能应对数字孪生时代需要的更高效的空间大数据底座。

在传统的 GIS、BIM、遥感、倾斜摄影等数据底图基础上，依托北斗网格码三维立体数字孪生技术，创新发展出一种更适应大数据组织与利用的新型空间大数据底座系统。该系统具有全域立体性、统一空间标识性、对现有 GIS/BIM 等系统的兼容性及高效计算性、应用服务开放性等优势特性。在空间数据统一规范的基础上，对于人口、社会经济等具有实体活动含义的非空间数据，可通过地名地址关联等方式将其空间化，从而可通过空间及时间维度进行多源异构时空大数据的组织汇聚。将这一系统称为"时空大数据网格底座"。

9.7.1　智慧城市实践发展的迫切需求

1. 空间统一标识与大数据组织的需求分析

目前各行业各领域对于空间的标识多样，统一困难。传统使用经纬度点坐标进行空间标识也主要限于测绘、地理等部门。即使在这些部门内部，由于经纬度体系的技术特点，不同个体对同一对象标识点取值大多不同，数据整合或空间计算十分复杂。

从更大视野看，统一数据标识是大数据建设的前提和基础。迄今为止，数据的标识五花八门，且均为人为设定，没有一种对象标识规则能普遍适用各行业和各领域。而随着各行各业信息化建设的推进，数据基于统一框架的组织汇聚成为制约大数据发展的基础瓶颈问题。

2. 数据快速更新与开放共享的需求分析

数据的开放与共享程度将极大地影响区域或城市数字化转型的步伐。城市各部门在长期的信息化应用中虽然积累了海量的数据和信息，但因为各系统独立建设、条块分割，导致数据共享交换相当困难。因然，迫切需要提供一种先进高效的数据组织技术和建立一套创新便捷的数据共享交换机制。

同时，随着社会发展，数据生产更新频率显著加快，数据应用的时效性要求日益提高，如何在统一数据框架下实现各部门各领域数据的快速更新成为一个迫切的应用需求点。这就要求提供一种高效的数据动态更新技术与机制。

3. 大数据深度分析与价值挖掘的需求分析

大数据的核心价值在于数据挖掘利用，提供增值服务。现阶段大数据价值开发利用相对滞后，往往还停留在简单的查询和可视化阶段。即使是这一层面，现有大数据的管理也面临图层多、数据量大、调用不方便等短板问题。同时，空间数据和社会经济等非空间数据的关联性较弱，未能形成一个统一化的数据模型来支撑大数据的深度分析。在大数据发展背景下，如何最大程度地对现有数据进行深度分析，服务政府社会及各个部门，是当前亟须解决的问题。

4. 数字孪生城市 CIM 建模的需求分析

城市信息模型 CIM 是数字孪生城市的核心。城市信息模型是基于城市几何模型的城市大数据动态关联，实现对城市对象的管理。目前的 GIS 数据大多数为平面表达，一般作为属性信息存储，无法准确地进行城市管理对象描述。如倾斜摄影数据是一张整体影像，无法进入楼宇内部查看属性信息。BIM 模型可以实现对建筑物内部结构的查看，但是其构建要求与成本都比较高，且数据封闭性较强。针对上述问题，亟须一套具有三维空间位置信息的轻量化三维建模技术，支撑海量城市信息三维建模的需要。同时，这一技术还应该能够有效应对数据的时态变化，支撑实现 CIM 模型的数据驱动。

5. 视频数据与其他数据融合应用的需求分析

视频监控作为安防技术的有效手段，已广泛应用于公共安全、智慧城市、交通管理等诸多领域，视频数据量也日益增长。但是针对海量视频数据的应用效果还比较低。比如，历史数据的查找比较烦琐，仍然依赖人工手段。视频数据是非结构化数据，无法在视频文件中进行对象属性的实时查看。视频数据文件本身不具有位置坐标，无法与时空信息公共服务平台等底图数据进行匹配。针对这些问题，亟须引入一种创新技术，对视频数据进行三维网格空间建模，赋予视频数据地理位置信息，实现视频数据与非视频数据的融合并支撑相关应用。

6. 城市治理精细化水平提升的需求分析

目前城市运行管理以网格为基础，各个部门根据自身需求划分了不同的业务网格，如公安网格、计生网格、城管网格、综治网格、环保网格等。这些网格难以融合，划分粗犷且为平面网格，较难实现不同业务的数据打通、同一时空范围的数据关联以及资源调度的协同和精细化。亟须引入一种创新技术和机制，通过建立标准化的精细网格单元作为数据承载体，与原有业务网格建立编码映射，再基于网格化数据进行智能分析与应用，提高城市精细化治理水平，促进城市治理从事件驱动向数据驱动转变。

9.7.2　打造智慧南京时空大数据网格底座的必要性

建议基于《北斗网格位置码》《地球空间网格编码规范》等国家标准建设智慧南京时空大数据网格底座，在对现有系统和数据不推倒重来的前提下，实现大数据时空一体化网格组织。这一创新型底座系统将是智慧南京总体建设架构中的核心建设部分，是数字孪生城市建设的重要支柱性技术，直接支撑城市大数据平台等，属于数字化新基建的重要范畴，具有较强的公共属性。其主要价值包括以下几个方面。

1. 解决大数据组织的瓶颈问题

北斗网格码技术将传统面向对象的数据组织转化为面向空间的数

据组织。传统面向对象的空间数据组织方法，很难解决多维空间信息的一体化整合，特别是动态信息整合的瓶颈问题，如空间标识多样、统一困难，空间数据库快速更新困难，空间计算困难等。多尺度立体剖分网格是一种地球空间的客观存在，物质世界万事万物在某一时间内必定落在某一或某几个网格体中，由此北斗网格码技术将物理实体赋予时空属性，以全球唯一的空间编码及时间离散编码标识为主索引，构建全球统一的时空数据组织框架，为多源异构时空数据的组织提供了解决办法。

2. 促进时空大数据的共享与利用

北斗网格码通过网格形式实现了对 GIS 等图层数据的离散化，并提供了多尺度且具统一性的网格单元划分，有助于解决空间数据分析计算在现有 GIS 等系统下的难点问题。在综合处理效率上，较传统经纬度体系下的矢量栅格数据空间计算效率有数量级上的提高，且网格计算天然具备分布式计算特性。在按需调用与数据安全上，通过网格和网格组合可灵活实现面向用户的"切片"式按需调用，任意网格数据具有时空客观性，不同网格间可进行逻辑组合，避免了传统的要么提供全量数据、要么不能提供数据的窘境。同时网格的不同尺度还可以与用户权限灵活关联，也为数据共享与数据安全间的平衡提供了新的解决办法。

3. 支持南京市全域数字孪生模型平台建设

传统的 GIS+BIM 的 CIM 建模方法存在明显的局限，基于 GIS 图层的数据承载方式未能从根本上解决时空模型的数据动态化问题，而 BIM 模型的单体性过强，难以在不同模型间实现融合。北斗时空网格技术提供了一个时空网格框架，其实质是一个基于时空编码的开放性大数据架构，通过网格关联组织城市多源异构时空数据，形成统一化的城市大数据模型。基于北斗网格框架的 CIM 平台具有全域空间三维立体化、数据时空编码标准化、全量数据动态可视化、数据服务按需灵活化以及架构开放性、数据继承性、更新动态性、交互实时性等优势特点。

4. 率先示范贯彻落实国家北斗应用战略

中国北斗三号全球卫星导航系统已于 2020 年 7 月 31 日正式开通，北斗系统迈进全球服务新时代。国家北斗标准《北斗网格位置码》（GB/T 39409—2020）已于 2020 年 11 月 19 日发布。作为北斗数据增强服务领域重要支撑的北斗网格码技术，正助力北斗系统进入智慧城市服务等时空大数据应用的广阔空间。本建设一方面将为数字南京、数字江苏建设乃至数字中国战略发展提供有力的核心技术支撑，另一方面也是国家北斗系统扩展应用服务领域的市域率先示范，有望成为北斗大数据+数字孪生城市的创新性标杆。

综上所述，从技术上看，针对目前大数据组织、共享与利用等瓶颈问题，亟须一套新型的数据组织与计算技术架构，支撑数据快速发布、数据融合、按需共享以及在此基础上的时空大数据分析及其他增值服务。从现实需求看，在国家加快构建全国一体化大数据中心体系的背景下，加速数据流通融合、深化大数据应用创新成为迫切需求，时空大数据网格底座利用创新技术实现时空大数据统一组织、促进大数据资源共享与利用，既具有创新性和前瞻性，又具有基础性和全局性。

9.7.3　智慧南京时空大数据网格底座建设方法

基于《北斗网格位置码》国家标准（GB/T 39409—2020）等为代表的北斗网格码技术体系，建设以全域网格数据图及其支撑服务系统为核心的南京市大数据网格底座。网格底座建设具备涵盖南京市全域空间、囊括陆海空天电形态、引接全域全量时空数据的能力。通过本建设，实现对南京市全域空间每一寸土地的精确标识与三维建模，实现以北斗网格编码为主索引的时空大数据统一化组织，为南京市全域数字孪生模型平台建设提供时空网格框架支撑，面向各部门提供标准统一、开放有序、便捷灵活的网格化大数据支撑服务。

在应用部署上，本建设重点是在南京市大数据局部署功能完整的网格底座系统，打造网格化大数据服务主节点。后续根据应用要求在相关部门部署子节点前置服务系统，在下辖县（区）部署子节点系统，实现网格化数据节点全覆盖，并进一步提升发展基于网格化数据的数字孪生智能服务，形成完善的全市网格化大数据服务体系，开展大数据综合分析等应用示范，助力智慧南京建设和创新发展。

南京市大数据网格底座建设的核心内容是创建一个适用于南京市大数据应用的"以城市三维网格模型为核心，以网格数据共享交换、网格数据计算分析为支撑"的网格化大数据底座系统，进一步开展典型应用示范，形成"一图两支撑多示范"的建设格局。

9.8　建设产业集群治理大脑

产业是城市的脊梁，是数字经济治理的重要内容。习近平总书记提出"打好产业基础高级化、产业链现代化的攻坚战"，党的十九届四中全会强调，"提升产业基础能力和产业链现代化水平"。南京市拥有雄厚的产业基础和浓厚的科创氛围，正在形成一种以创新为主要驱动力的经济增长方式，且在着力发挥自身的产业规模、科创资源等优势，努力打造国内领先、世界一流的城市产业引领力、城市创新突破力和城市全球影响力。为了更好地促进南京市产业资源高效配置和创新要素集聚，尽早实现"产业基础高级化、产业链现代化"，我们建议南京市在现有产业数字化转型升级举措的基础上，进一步发挥自身优势、落实中央精神，开发建设全市统一、科学布局的"南京市产业集群大脑"一体化平台系统。

9.8.1　概念与构成

产业集群大脑是指利用计算机语言编译，拥有"生命"和"思维"的产业信息综合处理智慧复杂巨系统。它集聚了产业大数据，深度融合产业链与产业要素，构建全景产业图谱，实现产业空间和数字空间的动态映射，以及数据建模、数据赋能和数字化转型，是产业治理和创新服务的基础设施之一。它能够帮助人们全面、细致地掌握复杂的产业运行情况，进行快速计算、形象展示，帮助决策者了解情况、做出判断，及时制订应对方案。它是基于现代大数据与人工智能技术的产业集群智能感知、识别、分析、诊断、预测与决策的先进智能信息处理系统，是地区产业生态中的"中央核心处理器"，是产业集群行业与人工智能技术结合的新生产物。

产业集群大脑由众多功能模块组成，通过标准规范体系构建产业集群大脑运营服务平台，并在公有云基础设施上搭建产业大数据中心，具有"产业情报收集、多维分析、智能规划、综合治理、全周期决策、管理赋能"等多种重要功能，产业集群大脑平台系统是它的外在表现形式。

9.8.2　主要作用

产业集群成为区域产业竞争力提升的重要抓手。随着全球化进程的加快，世界主要发达国家纷纷部署了与产业集群相关的扶持政策和战略计划，以提升国家和地区竞争力，其中的代表如法国的《竞争力集群计划》《未来工业计划》、德国的《走向集群计划》和《高技术创新战略》等。产业集群快速发展是改革开放后我国经济增长的一个鲜明特色，也是我国当前经济持续高速增长的主要推动力，很多地区经济的快速增长都伴随着产业集群的形成与发展，这已经成为我国区域战略和产业政策研究的焦点。党的十九大报告提出要"促进我国产业迈向全球价值链中高端，培育若干世界级先进制造业集群"，培育和建立世界级竞争力集群，已成为中央和地方政府有效提高国家和区域竞争力所面临的紧迫任务。

产业集群大脑是产业有效集聚、形成集群生态、快速发展壮大的关键内核。产业集群大脑是融合新一代信息技术手段实现产业集群政策规划与社会服务的产业治理工具。主要作用包括产业规划和空间规划制定与设施，以及产业治理、智慧招商、双创促进、智慧统计、人力资本和知识产权等资源要素配置。它能够有效协助管理部门全面、细致地掌握复杂的产业运行情况，帮助管理部门快速掌握信息、做出判断甚至制订应对方案，成为地区产业生态体系中的"中央核心处理器"。其效用一方面取决于有效数据量、知识图谱数、运算模型数、组成子系统数、硬件能力等，另一方面还取决于政府和管理部门对它的使用情况。

9.8.3 建设路径

1. 将产业集群大脑纳入南京市"十四五"产业发展规划

通过对南京市产业链深度分析并开展信息数字化、智能化处理，构建产业集群大脑以指导产业链、服务产业链、巩固产业链，推动产业链向两端拓展、价值链向高端攀升。

2. 打通各级各单位产业大数据，连通上下游产业链

打破信息孤岛，打通数据流通，获得统计局、税务局、工商局、招商局、海关、市属图书馆、各行业协会，以及高校科研院所等的数据支持。打通各区县、各平台之间的数据壁垒，有效整合、挖掘、监测、跟踪产业运行情况，实现全域内上下游产业链的协同发展。

3. 建设产业集群大脑国家重点实验室

产业集群已经成为区域经济学、产业经济学和经济地理学等学科的重要研究内容，我国学者对产业集群进行了大量研究。建议依托北京大学、清华大学、中国科学院等已有相关研究基础和领军人才的高校科研院所筹建产业集群大脑国家重点实验室，推动在产业集群的形成与培育、产业集群与竞争优势、产业集群与创新网络等领域的探索研究。

4. 推动南京市产业集群大脑纳入国家新基建战略

产业集群大脑作为产业数字化的具体形态，具有产业实体图谱化、产业分析智能化、产业决策精准化、产业服务专业化、产业治理现代化五大关键特征，这是每一个区域发展产业的必备基础设施。

9.8.4 平台建设和系统功能

南京市产业大脑平台项目建设应遵循信息化平台建设迭代的基本思路，由浅入深，按需求分三个阶段逐步完成平台的搭建和系统功能的完善。

1. 平台建设阶段

（1）基础阶段。查看和理解各类产业信息。

（2）成长阶段。对产业信息进行自主加工处理，包括在地图上输入新信息，在原有信息上进行新数据叠加、数据修改、绘制图形等，对自主加工处理成果进行保存与输出。

（3）成熟阶段。系统自动进行智慧化信息处理，动态更新数据、自动形成指数、进行指标判断、及时发布预警、进行特征匹配及个性化推送、形成诊断报告等。

2. 系统功能

产业大脑平台系统按照功能迭代升级的过程进行建设。

（1）云服务功能。云平台系统具备数据和信息汇集能力，可以进行多人协作和分享。

（2）可视化功能。企业分布、资源分布、人力分布等各类产业信息的空间布局、图标统计的可视化，能进行产业信息的地图可视化展示。

（3）工具功能。支持在线制图，能够进行作图操作并对结果进行保存与输出。

（4）模板化作业功能。能够按一定的产业规划思路进行模板化作业并生成文本化的报告成果。

（5）权限管理功能。不同用户拥有不同使用权限，这些权限包括不同层级、不同功能、不同归属的权限分类。

（6）指挥作战功能。通过对全市产业大数据的感知和汇集，实现产业链动态管理、产业集群生态营建、产业空间布局优化、产业资源匹配、产业集群生长路径模拟、产业政策效果评估和产业集群挂图作战等产业精细化管理功能。

附录

南京"一网共治"城市运行
智能化监测指标体系

场景分类	数据指标	统计口径	指标意义
城市人口	实有人口（含预警）	通过运营商信令数据分区域实时统计人口数（扩样）	反映区域瞬时峰值的资源需求并支撑应急突发事件的快速应对与处理
	流动人口	通过运营商信令数据分区域实时统计流动人口数（扩样）	反映区域人口活跃度
	新增旅馆住宿人口	通过公安局旅馆登记入住信息进行统计	反映区域商旅等活跃度，并支撑城市安全治理
	新生儿出生数（含预测）	通过卫健委新生儿登记信息进行统计，并结合户籍人口的年龄结构进行预测	通过出生登记计算新生儿数，动态监测新生儿数，反映人口结构未来变化，并给城市婴幼儿托管、学前教育等资源配置提供决策支撑
	新增落户人口	通过户籍信息分区域统计	通过户籍登记计算新增落户人口，分析城市户籍人口的增长情况，反映南京落户政策的落实情况，支撑房产政策、落户政策的制定
	新增大学生就业人口	统计应届大学生就业人口	通过应届大学生在宁就业情况反映南京的就业环境以及对大学生就业的政策落实情况

场景分类	数据指标	统计口径	指标意义
城市人口	新增缴纳社保人口	通过社保缴纳信息分区域统计	通过最近一个月新增缴纳社保的人数,反映城市对就业人口吸纳情况
	新增婚姻登记人口	通过婚姻登记信息分区域统计	通过监测婚姻登记人口,反映人们的结婚意愿,推测未来人口新增情况
	死亡人口	通过卫健委医疗死亡信息、民政局殡葬信息、公安局销户信息进行分区域统计	通过公安户籍销户、卫健委死亡证明等数据融合,计算死亡人口,动态监测人口减少情况,支撑社会保障与公共服务调整
	门诊人数	通过卫健委统计南京每日门诊就医人数	反映人们健康情况,支撑流行病以及公共卫生事件的分析,以及医疗资源供给与需求的匹配情况
	新开购房证明人口	通过新开购房证明信息统计新开购房证明人口	监测人们的购房意愿
	新增人才数(包含 A-F 类人才)	通过人才申请信息统计新增人才数	监测南京就业人口的质量情况以及较早监测购房需求
安全发展	消防警情	实时对接消防支队接处警系统原始消防警情	通过监测当日消防 119 警情,实时展现警情数,以及警情发生时间、位置、处置详情等事件信息
	消防物联感知设备告警	实时采集消防物联网设备监测数据,一旦发生告警能立即收到通知	实时展现消防物联感知设备告警数及事件详情;实现以感知设备告警为基础的火灾警情预警,做到及早处置,预防火灾发生
	危化品设备告警	实时对接危化品设备告警数据	实时展现危化品设备告警数及事件详情;实现以设备告警为基础的企业安全生产预警,做到及早处置,预防安全生产事故发生
	电梯运行故障告警	对接 96333 平台电梯物联感知设备,一旦发生电梯运行故障能立即收到通知	实时展现电梯物联感知设备故障告警数及事件详情,监控电梯运行故障,对于电梯安全监管能够起到指导和监督作用

场景分类	数据指标	统计口径	指标意义
安全发展	河流水位（含预警）	实时监测城市主要河流、闸站的水位情况并进行预警	按小时维度实时监测主要河道监测站的水位，在汛期期间，结合近期天气预报如暴雨预警，提前做出洪涝研判，进行部署
	城市积淹预警	与降雨预报关联预测积淹预警	结合恶劣天气预报提前部署，做好防洪排涝准备
	危化品重大危险源预警	对接危化品企业安全生产预警	对安全生产重点监管起到决策作用
	旅游包车危险驾驶告警	通过 GPS 数据统计计算	掌握两客一危车辆行驶轨迹，监控是否偏离路线、偏离规定时间段、疲劳驾驶等，对公共交通安全进行掌控
	危化品车危险驾驶告警	通过 GPS 数据统计计算	掌握两客一危车辆行驶轨迹，监控是否偏离路线、偏离规定时间段、疲劳驾驶等，对公共交通安全进行掌控
	渣土车危险驾驶告警	通过 GPS 数据统计计算	掌握渣土车行驶轨迹，监控是否偏离路线、偏离规定时间段、疲劳驾驶等，对公共交通安全进行掌控
	供电负荷预警	每日用电负荷的最高值	评估城市电力资源承载力，保障供电安全
	建筑工地施工安全	通过视频监控智能分析人员施工安全、施工场地安全等	通过实时视频分析，能够第一时间监测到人员违规操作告警、重大事故隐患研判
经济运行	新增市场主体数（含预测）	实现对日新增数量的预测监测及告警	市场主体增长反映市场信心和市场活力
	新增企业数（含预测）	实现对日新增数量的预测监测及告警	新增企业数量可反映经济发展潜力与市场活力
	注销企业数	实现对日新增注销企业数量的预测监测	与新增数量关联，监测南京市企业"新陈代谢"情况
	活跃企业数	实现对南京市活跃企业数量的监测	关联分析缴税、社保、公积金等企业-政府交互数据，客观反映南京市企业生产经营活动的真实状态

续表

场景分类	数据指标	统计口径	指标意义
经济运行	重大项目数及分类	对南京市重大项目开工个数进行监测,分为亿元以上项目个数、千万元~亿元项目个数、百万元~千万元项目个数	客观反映南京市经济活力和建设态势
	商品房交易备案和登记办理件数	实现对南京市房产交易情况的监测	客观反映南京市房产交易活力及区域差异
	存量房交易备案和登记办理件数	实现对南京市房产交易情况的监测	客观反映南京市房产交易活力及区域差异
	菜篮子价格指数	实现对南京市居民蔬菜价格水平的监测	客观反映居民菜篮子消费水平
	企业用工需求数	计算各企业招聘的人数,并与企业注册地址关联分析	反映就业市场的活跃度和企业发展的潜力值
	求职者人数	计算意向南京企业的求职者人数,并与企业注册地址关联分析	反映就业市场的活跃度和人才吸引的潜力值
	紧缺行业TOP3	对岗位发布数量、供需比(发布岗位数/投递简历)、有效需供比(发布岗位数/有效投递简历)进行极差归一化处理,将所有数值转化为(0-1)之间的系数	定位供需紧张的行业
	商圈热度排名	通过运营商信令数据分商圈实时统计人口数(扩样)	统计商圈的客流量水平,衡量商圈的消费潜力
	居民消费金额	通过银联消费数据统计每日城市线下消费额	衡量城市消费力,体现城市经济活力

场景分类	数据指标	统计口径	指标意义
经济运行	线上消费金额	基于淘宝、京东和苏宁易购的消费数据，统计每日城市线上消费额	捕捉消费新趋势，挖掘促进消费的关键线下功能，有效发展线上线下一体化消费
	地摊经济活跃度	通过对南京微信支付小商家交易（商家数、交易金额、交易笔数）的统计，分析南京地摊经济的活跃度	2020年将合理设定流动摊贩经营场所列入政府工作报告，李克强总理指出，地摊经济、小店经济是就业岗位的重要来源，是人间的烟火，是中国的生机
	高新技术企业数	实现对南京市创新主体——高新技术企业数量的监测	监测南京市创新主体增长情况
	投融资资讯	实现对南京市投融资热度的监测	投融资活跃程度是判断经济发展态势的重要指征
交通出行	道路拥堵指数（含预测）	监测城市道路的拥堵情况，统计缓行、拥堵、严重拥堵三个级别的路段数，并结合天气进行预测	反映分路段的拥堵状况，为后续深入分析原因、采取措施缓解拥堵提供基础
	在途车总量及类型	计算320卡口过车按车牌去重，并计算各类型车辆占比	为了解驾车出行活跃度和交通政策的制定提供支持
	出租车在途量	通过GPS数据统计计算	反映重点关注车辆实时在途情况
	旅游包车在途量	通过GPS数据统计计算	反映重点关注车辆实时在途情况
	公交出行人次	基于公交GPS行驶轨迹匹配乘车记录数据，从而计算全市各公交站点的上车人次	反映市民出行选乘公共交通的意愿以及市内公共交通的便利程度
	地铁出行人次（含预警）	计算全市各地铁站点的乘车人次，并与历史均值比较进行超限预警	反映市民出行选乘公共交通的意愿以及市内公共交通的便利程度

续表

场景分类	数据指标	统计口径	指标意义
交通出行	事故数（含预测）	计算累计事故数，可结合天气情况进行预测	反映交通安全情况
	平均通勤距离	计算上下班时间段通勤人的平均通勤距离	反映交通便利性和职住分离度
	平均通勤时长（含预测）	计算上下班时间段通勤人的平均通勤市场，根据天气、交通管制等因素做预测	反映交通便利性和职住分离度
	地铁实载率（含预警）	根据进出站数据和地铁班次数据计算每列地铁载客量，与荷载量相比得到实载率，与历史均值比较进行超限预警	反映公共交通便利性、舒适性和人们选择乘坐地铁的意愿
	公交－社会车辆速度比	根据 320 卡口数据区分公交和其他社会车辆，计算同一时段速度比	反映公交车出行的便利性
	道路拥堵时长	累计计算道路状态达到拥堵的时长	反映道路拥堵程度
	路网拥堵路段里程比（含预警）	计算当前拥堵的路段长度与所有路段长度比，与历史均值比较进行超限预警	反映城市道路整体的拥堵程度
	在途车饱和度（含预警）	根据车辆 GPS 数据和区域面积计算区域车辆密度，与历史均值比较进行超限预警	反映区域交通的拥堵程度，评价城市布局的合理性
	停车压力（含预警）	占用的车位与总数的比值，与历史均值比较进行超限预警	反映停车资源与需求的匹配度

场景分类	数据指标	统计口径	指标意义
交通出行	停车高峰时段（含预测）	计算各路段停车的高峰时间段	反映不同区域在不同时段的停车资源与需求匹配度
	公共车位周转率	计算一定时间内车位被使用的车次	反映停车资源的利用效率
	公共自行车使用率（含预警）	使用中的自行车数与总数的比值，与历史均值比较进行超限预警	反映公共交通资源与需求的匹配度
	充电桩使用率（含预警）	使用中的充电桩数与总数的比值，与历史均值比较进行超限预警	反映充电桩与充电需求的匹配程度
	新能源交通工具使用率	通过 320 卡口的车牌颜色辨别新能源汽车，计算纯电动汽车、混合动力汽车等新能源交通工具的出行量占使用交通工具出行总量的比例	反映交通能源结构
	交通事故/重大事件监测（含预警）	根据对卡口过车数据的分析，将流量变化显著异常的标记为流量突变异常状态，统计发生异常的时间段数量	有助于及时发现交通事件
	假套牌车分析（含预警）	根据卡口过车数据，根据两辆或多辆相同车牌号车辆同时出现、同一车牌号车辆前后外观不一致、时速异常等情况，判断疑似假套牌车	有助于发现假套牌车，预警团伙犯罪事件
	伴随车分析（含预警）	在一定时间范围内，一组车辆在较短时间范围内经过多个相同卡口，可疑似为伴随车	有助于避免安全事件发生

续表

场景分类	数据指标	统计口径	指标意义
交通出行	地铁最大承载力分析	统计满负荷状态时公交和地铁的客流数量,需要根据刷卡数据的样本进行估算,具体需要分析样例数据后确定	了解地铁承载力,为地铁规划提供数据支持
	地铁客流高峰站点	计算不同时间段进出站客流峰值所在站点	为合理安排人员维护公共安全提供数据支持
城市保障	居民用电量	分区域统计每日居民用电量	评估城市电力资源承载力
	企业用电量	分区域统计每日企业用电量	评估南京企业活力
	用水量	分区域统计每日用水量	评估城市水资源承载力
	用气量	分区域统计每日用气量	评估城市燃气资源承载力
	垃圾清运量(含预警)	分区域统计每日垃圾清运数量	保障城市的市容环境、卫生安全以及城市的可持续发展
	城市部件隐患监测(含预警)	分区域统计智慧路灯、智慧井盖、地下管线、道路桥梁、防洪排涝设施等部件预警数	实时查看城市部件健康状态,及时维护,实现更精细的便民
	独居老人每日用水量	通过智能水表实时监测独居老人的用水量	实时监测独居老人的生活状态,守护老年人
	养老机构床位占用率	分区域统计养老机构床位占用情况	实时监测南京养老资源的保障情况
	公共文化设施面积(平方米)	分区域统计各区公共文化设施的面积	衡量南京市文化设施的资源匹配程度
	图书馆人流量	分区域统计各图书馆每日人流量	衡量南京市图书馆资源的匹配程度
	市容城管投诉量	分区域统计12345政务服务便民热线关于市容城管方面的投诉量	衡量市容治理效果,有利于发现问题解决问题

场景分类	数据指标	统计口径	指标意义
	民生诉求关注领域	对各渠道的咨询数据按领域标签进行统计和排序	了解民生诉求具体发生领域，有助于更有针对性的线下治理
	民生诉求关注区域	对各渠道的咨询数据按街道进行统计和排序	了解民生诉求发生具体区域，便于对该区域的责任主体进行有效的监督
	投诉咨询比例	对各渠道的投诉数据和咨询数据进行去重和统计	掌握民生关注信息中的投诉比重，可掌握一段时间以来的社会治理效果
	事件分类分析	对各渠道的数据进行去重和统计	掌握事件发生领域，对长期未解决的事件进行跟踪督办
	交通类热点投诉	对各渠道的交通类投诉数据按事件类型进行统计和排序	了解热点交通投诉事件，加强热点交通事件的治理与改善
	环保类热点投诉	对各渠道的环保类投诉数据按事件类型进行统计和排序	了解热点环保投诉事件，加强热点环保事件的治理与改善
	环保类投诉区域	对各渠道的环保投诉数据按街道进行统计和排序	关注环保投诉热点区域，便于对热点区域行政效能的监督
	疑似新增违建分析	提取关于疑似新增违建的工单详情，统计得出当日工单总数	可迅速了解当日市民在违建上的投诉情况，对后续拆违工作的开展提供线索数据
	河道污染投诉分析	提取工单数据中关于河道污染的工单详情，统计得出当日工单总数	通过时空数据平台进行定位，将所有工单的地址转化成可以在地图上表达的坐标，实现每一条与地理位置相关的工单在GIS落图。可迅速了解当日市民在河道污染上的投诉情况，对后续中小河道整治及河道污染执法工作提供线索
	噪声扰民投诉分析	提取工单数据中关于噪音扰民的工单详情，统计得出当日工单总数	通过时空数据平台进行定位，将所有工单的地址转化成可以在地图上表达的坐标，实现每一条与地理位置相关的工单在GIS落图。可迅速了解当日市民在噪音扰民上的投诉情况，对后续噪音扰民执法工作提供线索

续表

场景分类	数据指标	统计口径	指标意义
	扬尘扰民投诉分析	提取工单数据中关于扬尘扰民的工单详情,统计得出当日工单总数	通过时空数据平台进行定位,将所有工单的地址转化成可以在地图上表达的坐标,实现每一条与地理位置相关的工单在 GIS 落图。可迅速了解当日市民在扬尘扰民上的投诉情况,对后续扬尘扰民执法工作提供线索
	空气污染投诉分析	提取工单数据中关于空气污染的工单详情,统计得出当日工单总数	通过时空数据平台进行定位,将所有工单的地址转化成可以在地图上表达的坐标,实现每一条与地理位置相关的工单在 GIS 落图。可迅速了解当日市民在空气污染上的投诉情况,对后续空气污染执法工作提供线索
	行政不作为事件类型分析	提取工单数据中关于不作为的投诉工单详情,分析不作为的类型	掌握事件发生领域,对热点事件进行跟踪督办
	行政不作为区域分析	提取工单数据中关于不作为的投诉,按街道进行统计和排序	关注不作为投诉区域,便于对热点区域行政效能的监督
生态环境	空气质量监测	通过大气监测站物联网数据,监测各区域大气站空气质量各项常规指标,实时计算空气质量指数	反映各区域的空气质量情况,当前各区域空气质量状况等级
	PM2.5/PM10 等颗粒物浓度值	通过卫星遥测数据,实时监测大气中的颗粒物分布情况,分析大气环境各项污染因素的变化趋势	反映空气质量的时空变化情况,以及对污染源变化趋势的分析
	水质监测	通过水质自动监测站,监测断面水质常规指标	反映断面水质的变化趋势,以及水质处于 III 类以下时的即时预警

场景分类	数据指标	统计口径	指标意义
生态环境	水质评价	通过卫星遥测数据，实时监测河流中各项指标情况，进行水质评判	反映河流水质的变化情况，反演河流水质分布情况
	企业污染源排放监测	通过企业污染源排放监测物联网数据，分网格监测排污超标情况	实时监测企业污染源排污情况，从源头对污染源进行有效的管控
	工业扬尘监测	监测工业建设项目建设过程中的扬尘情况	对超标的工业建设工程项目进行预警，有效地对工业污染源头进行管控
	噪音监测	监测工业建设项目建设过程中的噪音情况	对超标的工业建设工程项目进行预警，对城市噪音情况进行监测预警
	工业危险废物转移监测	基于危废车 GPS 行驶轨迹匹配危废转移的路径	基于危废车 GPS 行驶轨迹匹配危废转移的路径，从而进行实时转移过程中的实时监测预警
	大气环境质量预警	根据不同时间段设置污染较重季节和污染较轻季节的预警启动标准	一级为最高级预警，是指在污染较重的季节（1月~3月、11月~12月）日均 AQI 大于 200（重度污染或严重污染），在污染较轻的季节（4月~10月）日均 AQI 大于 150（中度污染）启动监测预警。二级是指在污染较重的季节日均 AQI 介于 150 到 200 之间（中度污染），在污染较轻的季节日均 AQI 介于 100 到 150 之间（轻度污染）启动监测预警

图书在版编目（CIP）数据

城市数字治理理论与实践：“一网共治”南京模式 /
沈体雁，杨明瀚，耿德红著. -- 北京：社会科学文献出
版社，2023.1（2023.9 重印）
（北京大学城乡规划与治理研究丛书）
ISBN 978-7-5228-0744-7

Ⅰ. ①城… Ⅱ. ①沈… ②杨… ③耿… Ⅲ. ①城市管
理-数字化-研究-南京 Ⅳ. ①F299.275.31

中国版本图书馆 CIP 数据核字（2022）第 170205 号

北京大学城乡规划与治理研究丛书

城市数字治理理论与实践

——“一网共治”南京模式

著　　者 / 沈体雁　杨明瀚　耿德红

出 版 人 / 冀祥德
责任编辑 / 王玉山
责任印制 / 王京美

出　　版 / 社会科学文献出版社
　　　　　　地址：北京市北三环中路甲 29 号院华龙大厦　邮编：100029
　　　　　　网址：www. ssap. com. cn
发　　行 / 社会科学文献出版社（010）59367028
印　　装 / 唐山玺诚印务有限公司

规　　格 / 开　本：787mm × 1092mm　1/16
　　　　　　印　张：14.25　字　数：203 千字
版　　次 / 2023 年 1 月第 1 版　2023 年 9 月第 2 次印刷
书　　号 / ISBN 978-7-5228-0744-7
定　　价 / 98.00 元

读者服务电话：4008918866